韓流アイドルの深い闇
金山勲
KKベストセラーズ

韓流アイドルの深い闇

金山勲

まえがき

２０１９年7月1日、日本政府が韓国に対し、半導体製造などに必要なフッ化水素など三品目の輸出に関して規制を強化すると発表した。日本政府が韓国政府に対して、半導体製造素材に規制をかけるということは、韓国経済の約25パーセントに当たる半導体製造業界に重大な影響を与える。日本政府の発表では、ここまでに至ったのは、韓国政府との信頼関係が失われたからだとしている。

在日韓国人三世として、日本に生まれ育った私が、韓国芸能界と関わりを持って長い時間が過ぎたが、私の経験上では現在の日韓の状態は最悪だ。

韓国の芸能界にとってみれば、日本人の嫌韓感情は巨大市場としての、日本でのビジネスチャンスを減らすことに繋がる。

ここまでこじれたのは一体何が原因なのか。

日本と韓国には長い歴史があり、互いに深くかかわりあってきた隣国だが、各々がいまだ良く分かっていない所があるのではないかというのが私の実感である。

近年、韓国の歴史や社会、経済、さらには歴史認識問題などの書籍をみかけるが、K－POPや映画、テレビドラマで韓流ブームを起こした韓国芸能界を通して見える、韓国社会というテーマで解説を試みたものはそんなに多くはないだろう。

日本であれ、韓国であれ、いずれの国の芸能界もその社会の縮図であり、特殊性を持っているから、この角度からのアプローチも必要だと思える。

日本と韓国の芸能界の橋渡し的な仕事を続けてきた私にとって、今は気を揉むことが多いが、日本の若者の間にはK－POP人気は根強く、最近では日本人タレントが韓国の芸能プロダクションのオーディションを受けるケースも増えてきた。

日本のトップアイドルグループAKB48に在籍していた竹内美宥が、10年におよぶキャリアを捨て、2019年3月から、韓国の芸能エージェンシー、ミスティックストーリーと契約したことが、その象徴的な出来事だ。

日本での実績があるにもかかわらず、彼女はソウルにわたってボーカルのトレーニングを毎日7時間、1回2時間のダンスレッスンを週2回、それと韓国語の授業を受けている。

これまでなら、日本の芸能人の修業先はほとんどアメリカ・ニューヨークというのが普通のコースだったが、今では韓国も選択肢の一つに加えられつつあると言えるだろう。それだけ韓国芸能界は、世界的なトレンドの中に躍り出たと考えられる。

K－POP男性グループのBTS（防弾少年団）は、世界的な物議を醸したが、彼らはビルボードランキングで常に上位にいるし、解散した女性グループKARAや男性グループ東方神起の人気は日本でいまだに高いままだ。

その要因の一つは、韓国政府の経済戦略として韓流コンテンツを輸出商品としてバックアップするために、資金をはじめさまざまな援助を行ったことだ。韓流コンテンツ輸出のために、大使館をはじめ海外の出先機関を最大限に活用したことにある。

もう一つは韓国芸能界の近代化だ。1965年の日韓基本条約で、日本から多額の資金を得た韓国政府は、その資金を使ってインフラ整備をし、自国経済発展のためにサムスン、ヒュンダイなどの財閥企業を作った。

この時代は、日本のバブル景気にも似た高揚と混乱があり、経済界の各方面に裏社会の人間たちが食い込む過程でもあった。その後、徐々に裏社会の影響から離れて近代化していくプロセスの中で、Ｋ－ＰＯＰのコンセプトが出来上がってきた。その中では日本の芸能界の役割が大きかったのだ。

本書では、世界で通用するＫ－ＰＯＰを育て上げる過程で、韓国社会を特徴づける儒教的価値観が多大な影響を与えたことを取り上げ、さらに「奴隷契約」「性接待」「芸能人の自殺」など、現実の韓国芸能界の根底にある韓国社会の実情と、新しい韓国社会の流れを紹介した。

本書を通して、私が在日韓国人三世という立場で長く携わってきた、韓国芸能界の実情を伝えることで、韓国という国柄と社会の現状を理解する一助となってほしい。

２０１９年９月

金山　勲

韓流アイドルの深い闇

目次

［第三章］韓国裏社会と奴隷契約

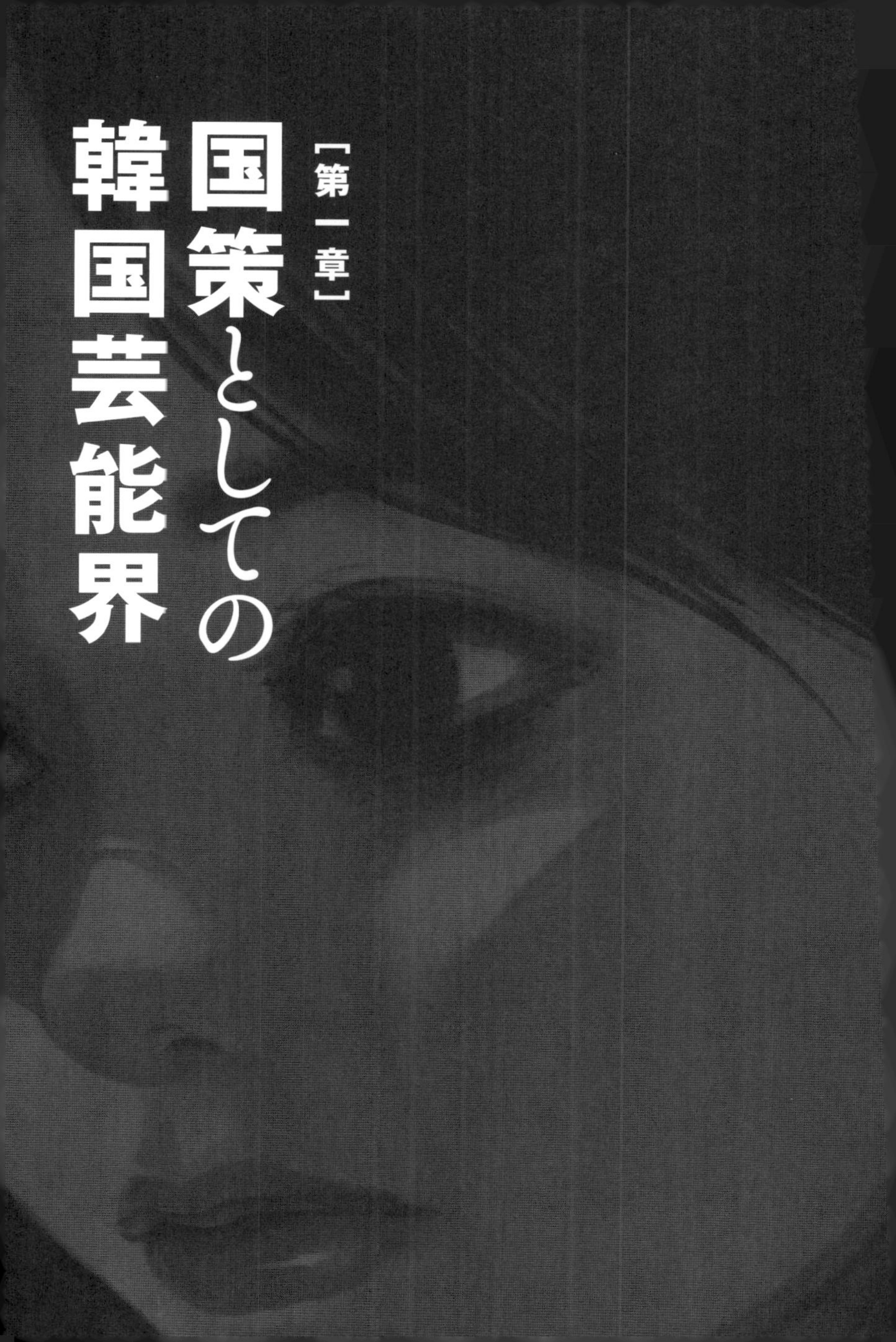

【第一章】

国策としての韓国芸能界

『冬のソナタ』がヒットした理由

◇アイドル路線で停滞した日本のドラマ界

私が日本のテレビ制作会社にアルバイトとして入り、少し経った頃、日本のテレビでは韓流ブームが始まった。２００３年からＮＨＫで放映が始まった韓国ドラマ『冬のソナタ』がそのきっかけだった。

韓流ブームは韓国の芸能や音楽などの大衆文化が東アジアをはじめとして世界に広まった現象で、１９９０年代から２０００年初頭にかけて、韓国芸能界は海外進出戦略を練り、積極的に推進するようになっていた。

韓国の当面の目標は、アメリカに次いで第2位の市場規模を持つ、日本のエンターテイメント市場に入り込むことだった。そのために、韓国の業界人たちは盛んに日本市場の情報収集をしていた。

私の所にも、当時の日本人の若者の流行や人気のあるテレビドラマなどを聞きに来る同世代のＡＤ（アシスタントディレクター）がいて、彼らと酒を飲みながら、さまざまなことを話した記憶がある。

当時、日本のテレビドラマでは、身近なアイドルを起用して、ごくありふれた庶民的な生活の中で起きる恋愛物語をテーマにしたものが一世を風靡《ふうび》していた。基本コンセプトとして、ドラマの主人公の男女はスターというものではなく、自分たちの隣にいるような、ごく身近な存在として視聴者から共感を得るような仕立て方であった。

視聴者がテレビに映っているタレントたちに共感と親しみを持つことが、視聴率を稼ぐ重要なポイントだったのだ。

クライアント側としても、大スターが使っている商品として高級イメージを打ち出すCMより、自分たちの手の届く商品を、アイドルたちも使っているというCMコンセプトの方が効果的だとの判断があった。

われわれ制作側も、それなりにかわいくて素人っぽいタレントを発掘したり、アイドル歌手をドラマの主役に起用し、上手とも言えない演技をファンたちが「○○ちゃんが一生懸命やっている姿がかわいい！」と思わせる演出をするようになっていた。

この道数十年の監督、カメラマン、照明、衣装、大道具・小道具の職人的な技術はあまり必要とされず、単に人気者のタレントが演じる緩い演技を良しとせざるを得ない。

このため、いつしか現場の空気も緩くなり、次第に緊張感に欠ける雰囲気になりつつあった。

ドラマのストーリーも、主役であるタレントのイメージを壊すようなものはご法度なため、みな似たようなものになってしまった。

アイドルに熱中する若者はともかく、食い足りないドラマと感じている大人たちは多かったが、視聴率も若者偏重の数字しか出ず、安定感がなかった。当時理想とされていた「じいさん、ばあさんからパパやママ、家族そろって楽しい時間を過ごしましょう」というコンテンツが少ない状況であった。

これでは幅広い層にアピールしたい、歯磨き、洗剤、食品などの大手スポンサーにとっても魅力が薄れ、スポンサー側からもコンテンツ自体にも何らかの方針転換が必要との機運が出始めた。

ドラマ製作を主としている業界全体としても、新しいコンテンツ作りを模索していたが、現実に視聴率を稼いでいるアイドル路線を変える程の勇気はなく、制作現場は停滞ムードにあった。

◇日本で起こった韓流ブーム

2003年、日本のテレビに登場した韓国ドラマ『冬のソナタ』は、日本の視聴者に衝撃を与えた。

このドラマは、日本での韓流ブームの火付け役となったが、すでに台湾や中国など中国語圏で人気を博していたものだった。そうした実績から、アジア市場で生き残るほどの魅力があったのだろう。

韓国の戦略としては、『冬のソナタ』を日本である程度の成功を見込める試金石としての、日本への投入であったと見て間違いない。

事実、『冬のソナタ』は、当時の日本のテレビドラマの主流であったアイドル中心とは違っていた。

主役のカン・ジュンサンを演じるペ・ヨンジュンは、ヒロインに対する見事なまでの犠牲愛を演じ切り、女性に対して不器用な日本人男性や、夫に不満を感じていた中高年層の女性の心を動かした。

それに対して、ヒロインを演じたチェ・ジウは「泣きの女王」と言われるほど、日本人の感性の奥深くにまで染み通る悲しみを表現する演技力と、負のパワーをいかんなく発揮していた。日本のテレビドラマに物足りなさを感じていた、中高年女性の乙女心に突き刺さった。

『冬のソナタ』には、それまでの欧米のドラマや映画などにはない、自分たちに似たアジア人が主人公でありながらも海外のドラマという親近感と真新しさがあり、ミーハーな中高年女性は、かつて憧れた叶わぬ恋の理想像を、このドラマの中に感じていたのだろう。

そして衣装やメークも、日本人にはひと昔前の自分のファッションとオーバーラップして懐かしいものだった。

『冬のソナタ』の日本上陸は、日本でのアイドルたちが演じる学芸会的な緩いドラマとは一線を画し、大人がズッポリとはまり込み、誰もが好む普遍的な「愛」に触れる絶好なタイミングであったのだ。

さらに、韓流ブームを盛り上げるために、メディアはわざわざ「韓流四天王」という言葉をひねり出し、特に人気のあった韓流スター、ペ・ヨンジュン、イ・ビョンホン、チャン・ドンゴン、ウォン・ビンを盛んに取り上げて話題造りに熱心だった。

彼らが主演するドラマや映画を頻繁に取り上げ、テレビ局も積極的に放映し、韓流を煽り立てるようになっていた。

この状況は、われわれ業界に身を置く者にとっては願ってもないビジネスチャンスとなったが、一方でこの異様な盛り上がりには、何となく違和感を感じていた。

◇つくられた韓流への反発

2011年1月、人気K－POPグループ・少女時代が所属しているSMエンタテインメントと、KARAの所属事務所DSPメディアは、インターネットの日本語ウェブサイト上に拡散している漫画「K－POPブーム捏造説を追え」が事実でない悪意のある描写をして、名誉棄損に当たるとして法的措置も含めた対応を取ると表明した。

この漫画の中では、対外文化広報政策を推進したい韓国政府と、日本の大手広告代理店D社との間の経済的利害関係をあげて、日本でのK－POPブームはやらせであるとしている。作中ではD社と表現されているが、業界関係者なら電通を指していることは容易に想像がつく。

このことは韓国メディアで大々的に報じられ、日本のメディアでも取り上げられた。作者は作品は根拠のないフィクションだと自らのブログで明らかにしたが、こういった騒動は断続的に起こり、2018年8月にはもっとも熱心に韓流を放映していたフジテレビに「韓流ごり押し・偏向報道抗議デモ」が行われた。この時はフジテレビに留まらず、スポンサー企業や他局にも反発の目が向けられた。

視聴者も異様に感ずるほどのテレビ局による韓流の盛り上げは、その裏に何かがあったと一般人に思われても仕方がないのかもしれない。

K-POPアイドル育成の国家戦略

◆ドラマから音楽へ

日本を除いたアジア各国でのK-POP人気は、1990年代後半からであった。まず、中国語圏で韓流ドラマが人気を呼び、甘い恋愛物語が女性中心に広がり、東南アジア各国でもその国の言語に吹き替えられて浸透していった。

当時、東南アジア各国では長い内戦も終わり、社会がようやく落ち着きを取り戻し始めた頃だ。経済的にも豊かになり、女性の社会進出も増えていった時代である。

私も仕事でタイやマレーシアに出張する機会があったが、レストランやホテルのロビーにあるテレビの前に女性たちが集まり、韓流ドラマを熱心に見ている光景を見かけることが多かった。

私は2000年に、ある番組取材でタイに出張した。その時タイの芸能事務所にいた若いタイ女性事務員の一人が、韓流ドラマの背景が美しいことや、美しい景色の中で展開する恋愛ストーリーのロマンティックな流れのことを興奮して話し、給料を貯めてカラーテレビを手に入れ、韓流ドラマを見たいと目を輝かせていた。

アジア各国で韓流ドラマに火が付き、そこから韓国歌謡ブームが生まれるが、この時点ではまだK－POPという呼び名は無かったと思う。

その後、日本でも2003年にテレビドラマ『冬のソナタ』が始まって、韓流ブームが巻き起こると、日本に輸出された韓流ドラマのオリジナルサウンドトラックを歌っている歌手の人気も高まって行った。

この流れの中で日本で大人気となったのが東方神起だ。

韓国の最大手芸能事務所の一つＳＭエンタテインメント社が、日本のエイベックス社と業務提携をして、自社に所属する韓国人アイドルグループの東方神起を日本の市場で売り出した。

『冬のソナタ』の大ヒット以来、大量の韓国ドラマが日本で放映され、それに伴って主題歌と韓国人俳優たちの詳細な情報などが、日本のジャーナリズムを含む幅広いエンターテイメントシーンで広がって行った。

新聞のラテ欄（ラジオ・テレビの番組表欄）を開くと、ＮＨＫをはじめテレビ局は軒並み、朝からさまざまなシチュエーションの韓流ドラマの名前が挙がっていた。

当時のテレビ局の考えは単純で、「安く買えて視聴率を稼ぐ」おいしいコンテンツだったのだ。

私のような現場の人間も、韓国物の企画を立てればほぼＯＫが出た。韓流スターだけではなく、韓国の旅やグルメの取材もあり、頻繁に韓国に渡った。

どの局も考えることは一緒で、同じ場所に数社の取材陣が殺到し、話し合いで取材の順番を決めることもあった。

その結果、撮影された映像は各局ほぼ同じで、あまり変わり映えのないものになった。それでも日本から取材陣が押しかけていったものだ。

日本で韓流ブームが起こったことで、2005年頃から日本をビジネスチャンスとする韓国人アイドルグループが急速に増えていった。

アメリカやヨーロッパなどにもK-POPは輸出され、中でもPSYが始めた「江南《こうなん》スタイル」と呼ばれる新感覚のパフォーマンスが世界的に大ヒットした。

シンセサイザーとシーケンサーを使って、踊らせることを目的に造られたEDMと呼ばれる先進的な音楽性を取り入れつつ、乗馬ダンスと称する独特のダンスをウェブサイトで押し出し、社会的なブームになった。

アジア発の楽曲が、アメリカのビルボード・ホット100で2位以内にランクインしたのは、坂本九の『上を向いて歩こう』以来で、史上2番目の快挙となったのだ

◆国際市場を狙った輸出商品づくり

「江南スタイル」に象徴されるように、海外市場を意識した楽曲作りや、プロモーションが始まったのはなぜだろうか？

結論を言えば、音楽市場を含む韓国国内の市場が狭いからである。そのためにK－POPが世界を目指さざるを得ない状況に追い込まれていたのだ。K－POPが世界的な展開を本格化させていた2010年前後の韓国の市場の現状を見るとよくわかる。

2010年のデータでは、韓国の人口は約4850万人。GDPは1兆145億ドル、1人当たりのGDPは2万756ドルだ。当時の日本では、GDPは5兆4987億ドル、1人当たりのGDPは4万2782ドルである。韓国の経済力と市場がいかに狭く小さいかがわかる。

国内の市場が狭いことはおのずから限界があり、努力に努力を重ねて大ヒットを飛ばしても、ビジネスとして韓国国内では、海外市場と比べものにならない。

国際レコード・ビデオ制作者連盟の2011年の資料では、音楽市場が最大の国はアメリカで41億6800万ドル、次いで日本が39億5900万ドル。以下ドイツ、イギリス、フランスと続き、韓国は12位で1億7800万ドルである。韓国の音楽市場規模は日本の30分の1しかないのだ。

音楽の売り上げ上位20カ国での、1人当たりの売上額では、世界2位の日本に比べると約10分の1にしか過ぎなかった。

こうした現状から見ても、日本の市場や大衆アイドル文化の発展途上国である東南アジア市場に、活路を見出そうとするのはごく自然の流れだろう。

2008年9月のリーマンショック以降、韓国の通貨ウォンは、1997年のアジア通貨危機以来の安値まで暴落していた。

韓国政府は、この国家的経済危機から脱出するために、新たな経済成長エンジンとしてK‐POPを含むコンテンツ産業の有効性を認め、国家戦略としてコンテンツの輸出を推進する方針を固めた。

韓国ショービジネス界が、日本に進出した大きな動機は、日本市場を攻略することが、結果的には利益になったからだ。

韓国は、1998～2003年の金大中《キムデジュン》大統領時代から文化産業の経済的重要性を認識し、政策の一環として支援して来た。戦後間もなくは日本の大衆文化の輸入が禁止されていたが、それを開放したのは金大中大統領である。

2007年には、中小企業のコンテンツ分野の海外進出に対するコンサルティング費用を、最大80パーセントまで政府が負担することを決定。2008年からは、毎月グローバルに活躍できる可能性がある新鋭アーティストを選び、地上波テレビやその他の活動を集中支援するという事業を開始した。

2010年には、音楽、ドラマ、映画、アニメーション、ゲームなどの、韓流コンテンツ事業の支援に2000億ウォン（約200億円）を投入した。

この数字は、文化関連予算の17・25パーセントに相当するものである。その結果、2010年のコンテンツ総輸出額は3兆ウォン（約3000億円）にも達した。

こうした政府のバックアップのおかげで、韓国の音楽事務所は莫大な投資が必要な海外進出が可能となったのだ。

しかも、ウォン安での相当に厳しい状況の中で、芸能事務所は政府絡みの資金援助を受けることができ、リスクも少なくなった。このことが、K－POPの海外進出を大きく助長させ、業界と政府の相乗効果で国家戦略の一つになるほど重要な輸出産業となったのだ。

K－POPは韓国政府にとって、経済成長戦略の重要な要素となっている。だが、そのことによって、業界内のみならず、さまざまな利権が絡んで弊害も多くなってきたといえるだろう。

◇大名旅行も可能にした政府支援

２０１０年から、韓国の大手芸能事務所ＳＭエンタテインメントは、ＢｏＡ、少女時代など30人を超える所属アーティストを連れ、専用ジェット機で世界中を飛び回ってツアーを行っている。

この大名旅行のようなツアーに参加した韓国人スタッフに話を聞いたが、何処に行っても大歓迎され、何よりも専用ジェットを乗り回しているということで、各地の関係者やファンへのアピール効果も大きかったようだ。タレントを含め彼ら関係者も、高揚した気分で旅ができたと喜んでいた。

だが正直言って、タレントたちが世界中を飛び回っていても、世界各地の会場を満杯にするほどの力は備わっていないはずだった。

それでも、このような形でワールドツアーを敢行できたのは、音楽事務所が政府支援金を利用しているからだ。彼らは政府支援で、海外での大規模な事業展開ができたのである。

資金以外の支援にも手厚いものがある。２００９年5月に設立された、韓国コンテンツ振興院のＫＯＣＣＡがそれだ。

韓国のコンテンツ事業振興の中心を担っているＫＯＣＣＡは、エンターテイメント系のコンテンツの振興を目的に、ゲーム、放送映像、ソフトウェアなど、それまでは個別にあった振興院を統合させたもので、Ｋ－ＰＯＰに対する戦略的な支援もこの機関が行っている。

その戦略の一例を挙げると、オリジナル版の韓流ドラマに流れていたＢＧＭを、各国で韓国が権利処理した楽曲に差し替える輸出用再制作支援や、各国のメディアにアプローチする際のサポートなど、一貫したコンテンツ輸出戦略の統括的支援がある。

日本でも駐日韓国大使館関係者が、来日した韓流タレントを取材する日本メディアを、さまざまな形でサポートしてくれることがあった。

ＫＯＣＣＡが行った日本に対するアプローチの代表的な例は、２０１０年10月、東京・有楽町の東京国際フォーラムで、５０００人規模のＫ－ＰＯＰのショーライブ「K-POPNight in Japan 2010」を文化体育観光部と共催したことである。このときは全席無料招待の満席で、観客は大熱狂だった。

ＫＯＣＣＡの他にも、文化体育観光部や韓国観光公社などは協力し合い、さまざまな

韓流ブームの流れ

2001年 BoAが彗星のように現れた。韓国語、日本語、英語の3カ国語を自在に操り、愛らしい容姿とダンスセンス、歌唱力で日本人を魅了した。

2002年 5月、日韓共催の「サッカーワールドカップ」が開催。これには大不況に陥る韓国に、日本がスタジアム建設費用30億円を融資していた。

第一次韓流ブーム

2003年 韓国ドラマ「冬のソナタ」がNHK Bsから放送され、30代以上の女性を中心に大ヒットし、韓流ブームがはじまった。音楽関係では、BoAに続けと「神話」「リュ・シウォン」などが日本デビューしたが、BoAを超えるアーティストは出なかった。ドラマや映画界では第2の「ヨン様」を目論むが、二番煎じ的ドラマでヒットにならなかった。

「サッカーワールドカップ」は、日本には不本意な共同開催になり、日韓関係は急速に冷え込みはじめ、韓流ブームを進めていたテレビ局へのデモや「嫌韓ブーム」が起こる。

2005年 ドラマ「宮廷女官チャングムの誓い」は男性ファンを広げ、実力派イケメングループ「東方神起」が日本でデビューした。

2006年 第一次韓流ブームは沈静化し、「在日特権を許さない市民の会」の通称「在特会」が生まれ、嫌韓の動きが活発化した。

2009年 「BIGBANG」が日本レコード大賞で最優秀新人賞を授賞。K-POPが大きなうねりとなった。「東方神起」メンバーの3人が所属事務所との契約騒動で脱退し、活動休止になる。

第二次韓流ブーム

2010年 ガールズグループ「KARA」「少女時代」が相次いで日本デビューし、K-POPが一気にブームを巻き起こす。

2011年 韓国政府は日本のヒットチャートにK-POPのランクインに成功し、NHK紅白歌合戦に「東方神起」「少女時代」「KARA」が出場した。

2012年 同じようなアイドルグープのデビューで供給過多となり、K-POPは陰りを見せる。ヒットしたK-POPは、PSY(サイ)の「江南スタイル」くらい。

8月、韓国の李明博大統領が竹島に上陸し、天皇への謝罪要求をしたことで、日本で激しい嫌韓・反韓世論が巻き起こった。

「KARA」など日本で活躍していた韓流アイドルが「竹島はどこの領土か?」の質問に言葉を濁してバッシングを受け、以降はペ・ヨンジュンやユンソナたちは、反日志向を明らかにする。

第三次韓流ブーム

2017年 日本の10・20代女性を中心に韓国食や文化などに注目し、第三次韓流ブームになる。チーズタッカルビはクックパッド「食のトレンド大賞」を受賞。

2018年 世界で大人気の男性グループ「BTS(防弾少年団)」などが火付け役となり新しいブームになる。韓国のオーディションに、日本のAKBグループから39人が挑み、3人がデビューを果たす。

第二次世界大戦時の徴用工問題で、韓国政府は1965年の「日韓請求権協定」で解決済みとしてきたが、大法院は個人の請求権は消滅していないとし、韓国人4人へ1人あたり1億ウォン(約1000万円)の損害賠償を命じた。日本政府は「法的基盤を根本から覆すもの」だと反発。

日本海で、海上自衛隊の哨戒機に対して、韓国海軍の駆逐艦が射撃管制用レーダーを照射。

だが、政治的な葛藤と文化交流は別の問題と捉える日本人が増え、日本と韓国の往来は1000万人を突破した。

事業の立ち上げや、イベントの公演などを行っている。

さらに知識経済部、韓国貿易投資振興公社、韓国映画振興委員会という政府機関や関連団体などが協力し、国家戦略として世界各地で大々的なイベントを開催しているのだ。

こうしてK－POPは、韓国政府の大きな後ろ盾のおかげで、中小の芸能事務所でも海外で挑戦できるようになり、大手の事務所ではより大規模事業が展開できるようになったのだ。

ともあれ、韓国政府の大々的かつ細やかな支援政策が、海外で戦略的に盛り上げたためK－POPの世界的ブームが起きたともいえるだろう。

この頃、私自身もソウルにいて、韓国のエンターテイメント業界に出入りしながらこの経緯を見ていたが、日本ではとても考えられない巨額の公的資金が投入され、業界全体が湧きたつような状況だった。

◆大統領の行動で日本の韓流ブームが終焉

日本は韓国と大きく事情が異なっており、韓国政府のようにエンターテイメントのコンテンツ輸出に拘《こだわ》らなければならないほど、経済的切実さはない。したがって韓国と比べてエンターテイメント業界に対する支援額は少ない。

例えば、2008年度の韓国政府の文化振興予算は日本円換算で約1169億円で、日本の1018億円よりも多い。国家の総予算額が少ない韓国の国家予算比では、韓国のそれは日本の7倍の規模であった。

その後、日本政府も2010年には1020億円、2011年には1031億円と微増してはいるが、国家予算に対する比率では、韓国は日本の7倍の支出をキープしていた。

国民の税金を使う巨額の国家予算が注ぎ込まれると、支出に見合うリターンが求められるのは必然だ。そのため、タレントたちを、確実に利益を上げる輸出商品と見做す、ドライな商取引感覚が前面に出てくるようになる。

そうなると、韓国の30倍以上ある日本の音楽市場は格好の戦略目標だ。

その一方で、日本のエンターテイメント市場も、行き詰まりを見せていたのが実状であった。

日本の音楽産業としては、レンタルビジネスの定着やインターネットの普及による楽曲の配信などもあって、従来のメディアとしてのCDの売り上げが、１９９８年の５８７９億円をピークに、10年後の１９９９年には２４６０億円と、たった10年で半分以下にまで落ち込んでおり、まさに危機的な状況にあった。

その対策には、素人に近い歌手や芸人、俳優を新人アイドルとして、大量販売する戦略を取ったのである。

その結果、人気の定着を待たない、実力派アーティストを育てない、第一印象のみに頼る使い捨て的な新譜の大量発売をする薄利多売主義が蔓延《まんえん》した。

この戦略による音楽の低価格化の状況下では、日本人アーティストより安価な韓国人アーティストを輸入した方が、明らかにビジネスリスクが低くなる。

また、韓国人アーティストは、ある程度までの基礎的育成はなされていることで、輸入する日本側にとって先行投資の経費が省け、コストパフォーマンスが良いというメリットがある。

このようなマネージメント側の、典型的なデメリット回避によって、日本市場もＫ－ＰＯＰなどの韓流ブームを呼び起こす基本的な条件が整っていたのである。

ブームのきっかけをつくった韓流ドラマも、同じような理由で、日本のメディアにとってはビジネスの上で極めて魅力的に映り、多くの作品が輸入され放映されたのだ。

一方、韓国側でもビジネスとして韓国人タレントを日本に輸出することが多く、日韓ともウィンウィンの状態にあった。私もソウルで日本芸能界と韓国の橋渡し的な仕事を頼まれる機会も多くなってきた。

だが、２０１２年、当時の李明博《イミョンバク》大統領周辺では任期末期になって国会議員であった実兄が企業から不正献金を受け、大統領自身も私邸の土地を不正入手したなどの疑惑からさまざまなスキャンダルが取りざたされ、政権の人気が急速に落ちて行った。

韓国では政権の人気が低下すると、必ずと言っていいほど過激な反日発言が政権中枢部から起きる。

かつて在日二世でもあった李明博大統領は、「日本は過去の謝罪や反省は不要」とまで言い、歴史問題などでの配慮もあった。だが政権末期には徐々に強硬姿勢を示すようになり、これまでの日韓間での暗黙の了解を無視し、大統領による竹島上陸を敢行した。そのうえ慰安婦に対して天皇の謝罪を求める発言など、日本人の感覚からすれば、とても受け入れられない侮辱的な発言を行うようになった。

日本国内では嫌韓感情が高まり、それまで堅調に伸びていた韓流ブームが、突如として終焉を迎えた。韓国大統領の行動が日本国内でのＫ－ＰＯＰビジネスの、大きな転換をひき起こす原因となったのである。

余談だが、当時付き合っていた韓国人の彼女との間で、何となく心の齟齬ができ別れる羽目になってしまった。韓国寄りでも、日本寄りでもない私の、煮え切らない態度に彼女が嫌気をさしたようだ。

何事にも白黒ハッキリとつけなければ、気持ちが収まらないネイティブ韓国人と、日本育ちの在日の感覚の違いがボタンの掛け違いになったのだと思う。

日本は〝未熟〟が売れ、韓国では〝完璧〟が求められる

◇個性を重視した日本のアイドル

当時、日本の業界ではアイドルを構成する重要なコンセプトの一つは「素人っぽさ」だった。

女性アイドルの場合、スタイルや歌唱力はあまり問われず、「かわいい」顔としぐさで、隣にいる女の子らしい親近感が優先され、音痴もキャラの一つとして容認されていた。

だが、某大手プロダクション創業者社長は、スターになるアイドルには、冒しがたい美しさがあるべきという水準があったのだろう。

後に日本の女性アイドル界でレジェンド的存在になったアイドルがデビューするに当たって、彼女を見た社長は「O脚でスタイルが悪い」と採用を断ったというエピソードがある。だが彼女はその後、一世を風靡する大物に変身した。

日本で売れる芸能人の基本的要素が、個性を重視した多様化の時代へと変化していたのである。

彼女に続けとばかりに、その後アイドルを発掘するオーディションはいろいろな形で盛んに行われ、私も現場に立ち会うことがあった。押しなべて言えるのは、オーディションに合格するのは歌唱力、スタイル、顔立ちの美しさなどで、普通ならば当然備えておかなければならない素養に対しての優先順位は低かった。

当時から、音響技術は驚異的に進歩しており、音程がずれて歌ったとしても、修正が可能であったからだ。

さらに言えば、テレビ、映画、スポーツ紙、週刊誌とのメディアミックスで、さまざまな角度から宣伝プロモーションが頻繁に行われていたことも、当時の「アイドル」を容易に売り出すことを可能にしていたのである。

◆韓国アイドルは〝見られる〟資格がある人

一方の韓国では、公共の電波を通じて歌やダンスを披露するからには、姿もスタイルも、水準をクリアしていなければ認められない世界である。

日本の約3分の1の人口が日本よりはるかに高い密度で暮らす韓国では、容姿の評価基準が流行によって変化し画一化される。

日本では売り出し方にもよるが、どこにでもいる日焼けした「褐色のココナッツ娘」や、太り気味でも「ぽっちゃり形のもち肌娘」などとそれ自体がチャームポイントとなり、一定のファンも付く。

だが韓国では、規格品のようなスタイルのアイドルが、見られることができる資格がある人である。

男性アイドルなら、高身長でなければ競争に参加する資格すら認められない。つまり、韓国のアイドルの基準では、一般人には手が届かない存在であることが求められるのである。

それだけに、アイドルを目指す若者や、それを生み出していく芸能事務所にとって、クリアしなければならないハードルは高い。

実際に韓国のアイドルに会って話をしたり、仕事で付き合うと、よく分かるのがアイドルたちのマナーの良さである。話すときは相手の目をまっすぐに見ながら話すし、その内容も率直そのもので誠実さを感じさせる話し方をする。

マナーもよく、目上の者に対しては謙虚さをにじませながら、気配りも怠りない。言ってみれば、マナーをよくわきまえた美しさを持った若者たちという印象だ。

日本のアイドルと比べると随分と大人びており、洗練されている。歌やダンスだけではなく、人間としてのマナーも訓練されているのだろう。

現在の韓国で、このような人材の発掘および養成を支えているのが、インキュベーティング・システムと呼ばれているものだ。

インキュベート（incubate）とは「卵を抱く」という意味で、鳥が卵を産んで温め、雛にかえして成長させていく象徴的表現である。素質のある若者を早期に発見し、囲い込んで長期間のトレーニングと教育をする育成システムだ。

１９９０年代後半から２０００年代にかけて、この方式が大きな成果をあげるようになり、韓国の芸能業界全体に広まって行った。

その訓練内容について知るために、ある大手芸能事務所の訓練の様子を見学させてもらったことがある。

その時に聞いた訓練生たちの話によると、通常起床は朝7時。まず最初にジムで筋トレをし、10時に先生が来て歌やダンスのレッスンがあり、その合間に自主練習。午後もひたすらレッスンで、深夜12時過ぎに宿舎へ帰る。これが毎日続き、お盆と旧正月の計4日が休みということだった。

トレーニングは歌やダンスだけではない。話し方やマナーもメニューに入っている。さらには英語、中国語、日本語など、海外戦略に応じて外国語を学ばせるのだ。

語学のほかに人格形成の一環として、事務所周辺の掃除をやらせたり、性教育を行う事務所もあるという。

アイドル訓練生の育成費用については諸説あり、私も関係者に話を振ってみたが、その実態はなかなか話してはくれず、実態は良く分かってない。

だが、報道その他の資料によると、1人当たりの育成費用は年間3500万〜4000万ウォン（約350万円〜約400万円）とされている。事務所がこれだけの費用をかけて育成している。

タレント候補は増加の一途だという。韓国には地上波テレビで、数多くのオーディション番組が放映されているが、SMエンタテインメント、YGエンターテインメント、JYPエンターテインメントという、韓国の大手プロダクション共催で行ったテレビプログラム「サバイバルオーディションK－POPスター」には、1日で1万人の受験者がやって来たという。

各事務所が随時行っているオーディションにも、多くの志望者が受験し、最大手のSMエンタテインメントのオーディションには、年間にすると30万人以上が応募してくるそうだ。

歌手部門全体での合格倍率は250倍とされており、各事務所が何人の研修生を抱えているのかは非公開である。

かつての日本と同じく、韓国でも役者は「河原乞食」と言われ、芸能人は蔑《さげす》まれていたが、いまや「芸能人」という職業がコリアンドリームを支える職業の一つとして絶大な人気を誇る時代となってきているようだ。

このように、豊富に供給される人材という材料を、厳選して目的別に組み立て、ビジネスになる商品として仕立て上げていくシステムは大きな成功を収めたが、素材が血の通った人間であるところが大問題を生んでいる。

昨今大問題となった、K－POPグループBIGBANGなどがからむ有名タレントの麻薬、売春斡旋事件などの事件は、その歪《ひずみ》が生んだものだといえるだろう。

日本をターゲットに〝輸出〟されたBoA

◇売れる商品にするためのマーケティングリサーチ

売れる輸出商品を作る場合には、通常ではまず輸出先の国民の文化や、言語、好みなどを、徹底的にマーケティングリサーチして、形や機能、色合いなどを決めていくものだろう。

かつて、日本の家電製品が世界を席巻していた時代があった。アラブ諸国をターゲットに自動炊飯器の輸出プロジェクトを立ち上げた企業は、アラブ人が食べる米の種類はもちろん、ご飯にしたときの硬さなどを調査し、おこげご飯を好むということを知ったという。

日本国内では、ご飯にツヤがあり、きれいに炊けることが条件だが、アラブではその逆だったのだ。

メーカーは、おこげが炊けるように温度調整ができるＩＣチップを開発して炊飯器に組み込み、アラブ人好みの見事なおこげご飯を自動で炊き上げる炊飯器を開発したのである。こうした努力で、相当な利益を得たのは当然だ。

音楽あるいはエンターテイメントそのものを、輸出商品と考えるＫ－ＰＯＰ界では、日本での炊飯器開発と同じ方法が取られている。

違いがあるとすれば、Ｋ－ＰＯＰスターはＩＣチップではなく、人間であるというところだ。

まず、楽曲のコンセプトは、最初から自国以外のユーザーに向けられている。次いで、韓国語であるハングル語を知らない外国人に、ハングル語を知らなくても楽しめる音楽、つまり、グローバルスタンダードを意識した楽曲作りが必要だ。

歌詞が分からないと伝わらないバラードでは、韓国人でなければメロディーだけしか心の中に残らないので、インパクトの弱いものになってしまうのだ。

その点で、ダンス音楽なら歌詞が分からなくとも、メロディーと目立つダンスパフォーマンスによってミュージックビデオが注目され、認知度が上がっていくわけだ。

したがって、輸出商品としてのＫ－ＰＯＰの基礎となっているのは、歌詞とメロディーではなく、視覚と聴覚に訴えることにあるといえる。

韓国色を完全になくして視覚と聴覚に訴え、海外各地の文化や生活に基づくニーズをつかみ、それぞれの国に合った商品を開発するという、緻密《ちみつ》に練られた販売戦略に従っているのである。

この中で最重要なことは、現地の言葉で歌うことだ。制作過程では、歌詞そのものは重要ではないが、現地の言葉をアーティストが口にすることで、より印象深くなるという効果を狙う戦略である。

それも世界ナンバー1の市場であるアメリカを中心に使われている英語、ナンバー2

の日本語、それにアジアでは最大人口の中国語に絞り込む。

東南アジアには中国語を話す華僑が多く、経済力もあり、中国語は社会的影響力も強い言語である。人口12億人の中国本土は、今後に期待の持てる市場になる可能性が高い。つまり、英語と日本語、中国語をマスターしておけば、世界市場で商売ができる基本ソフトを商品に組み込むことができる。

これらの条件を満たして成功した一つの例は、２０００年に日本デビューを果たした、シンガーソングライターのＢｏＡだろう。

彼女は、あえて韓国人と言わず、Ｊポップ歌手として売り出したことが成功した。ＢｏＡのデビュー当時には、韓国人であることを知らないファンが多かったが、日本人離れしたパフォーマンス能力の高さで、日本人ファンの評価を得たのだ。

徐々に、彼女が韓国人であることが知られるようになった時には、すでにＢｏＡというブランドが確立されており、日本社会へ自然に受け入れられていた。

彼女は特に日本語能力に優れ、日本語の歌詞を日本人以上にしっかり聞かせることができたのである。

優れたパフォーマーには偏見なく受け入れることができる日本人の若い層に強固な

ＢｏＡファンが増え、世代を超えた幅広い層にもファンが増加した。

こうしてポップアーティストとして認知されたＢｏＡは、ミリオンセラーを達成し、日本で大成功を収めた。

輸出先を絞り込んだ商品開発と売り込み戦略は、ＢｏＡの成功で大きな成果を上げることができ、このパターンにしたがって、日本市場を狙ったＫ－ＰＯＰ商品が、次々と日本向けに開発されていく。

だが、優れた素材として加工されていく韓国人スター候補たちには、過酷な試練でもあった。

整形〝加工される〟アイドルたち

◆韓国芸能界では整形手術があたり前

２０１９年２月26日に、ＴＢＳ系で放送された情報番組『ビビット』の「韓国アイドル特集」が、韓国アイドルたちの整形に焦点を当てて放映された。

この日、韓国のコメディアンで芸能レポーターのヒョンギがゲストに登場。競争が激しい韓国の芸能界では、アイドルグループを1組デビューさせるまでには整形費用が1億円かかると明かし、さらに最近では整形を売りにするアイドルたちも出現していると発言。整形を売りにしているアイドルたちの一つ、ガールズグループＳＩＸＢＯＭＢを紹介していた。

ＳＩＸ ＢＯＭＢのメンバーは、それぞれが美容整形外科に行き、手術を受ける場面をミュージックビデオの中で公開している。術後に顔を包帯で巻いたままでダンスをする姿も披露し、包帯が取れた後の彼女たちの姿も放映していた。

この番組では、そのミュージックビデオを流した上で、ＳＩＸ ＢＯＭＢに直接インタビューし、整形を公開した理由を語らせていた。

彼女たちは、整形を公開した理由については「健康的なイメージを見せたかった」と述べ、結果的には大いに満足していると答えていた。

同じく韓国出身の芸能人カン・ハンナが、関西でのテレビ番組に出演し、彼女の体験談として韓国芸能界の整形事情を語った。

それによると、彼女の知り合いの芸能人は99パーセントが整形手術を受けており、会うたびに顔が変わっている人も多いという。

◆整形告白で好印象を得る芸能人

韓国では元々整形美容が盛んで、芸能人のみならず、一般人も整形するのが当たり前とされている。

日本では不完全なものの中に美意識を持つ文化がある。例えば、茶の湯の茶碗などでは形が歪《いびつ》で色彩も一色で整っていない物が珍重される傾向がある。

日本で生まれ育った私の感覚もまさに日本人のそれで、整形などはせず、顔立ちは自然なものが個性的で好ましいという感覚を持っていた。

だからだろう、当初は韓国の芸能界に多数いる整形美人たちが、みな同じ顔に見えていた時期があった。

韓国人の美意識の根底には、完璧なシンメトリーを最高の美とする儒教的な考え方があり、美しい顔形になれば、それだけで自信を持つことができ、精神的な安定が得られるという人が多い。高校を卒業する女学生の80パーセント以上が、卒業記念に整形するといった調査もある。

近年ますます勢いづいている韓国の整形ブームを後押ししているのが、先述したＳＩＸ ＢＯＭＢやカン・ハンナのような芸能人の整形告白だ。

韓国でも以前は、整形手術をしたことは秘密にされ、女性芸能人にとっては重大なマイナス要因だと見なされていた。だが、２０００年代に入ると少しずつ整形を告白する女性芸能人が登場しはじめた。

告白の口火を切ったのは、ドラマ『逆転の女王』をヒットさせた女優のキム・ナムジュだった。彼女は、出演したドラマがヒットして注目を浴びるようになったが、ネット上で整形疑惑が持ち上がり、彼女を揶揄《やゆ》するような書き込みが多発した。

これに対して、彼女はあっさりと整形を認めて「整形は罪ではないし、隠す必要もない」という趣旨の反論をネット上に書き込んだのだ。

これまでの韓国芸能界の常識では、整形疑惑はスキャンダルとして大騒ぎされ、人気が下落するはずだった。だが、「時代の先端を行く堂々とした女性」という好評価を得る結果になり、非難されるどころか信望を集めることになったのだ。

その後、女性芸能人の整形告白があり、やがて彼女たちの告白は芸能番組のヒットコンテンツにまでなった。

韓国ではテレビのトークショー番組に根強い人気があり、芸能人が過去を告白するテーマが大人気だ。出演する芸能人も、受けそうな告白ネタを用意して臨むという。

これらの番組で整形ネタが受けた時期があり、どこをどのように整形した、その時にはどんな思いであった、また整形でこんな目にあったという身の上話が専らの話題だった。中には整形して顔の相が変わったことで、金銭運が良くなったというモデルたちもいて、話題になった。

韓国でのこうした世相が、さらなる整形手術熱をヒートアップさせている面もある。韓国が激しい競争社会ということは知られているが、それを反映して男性も就職のために整形するのも珍しいことではなくなったという。

中高年男性の間でも、ビジネスのために見た目を良くしようという理由で、顔のしわ伸ばしやぜい肉取りの手術を受ける人も多い。事実韓国人の仕事仲間で営業を担当している人物は、瞼を二重に整形し、次は加齢で目立つようになった目の下のたるみを取る予定だと言っている。

ちまたでは盧泰愚元大統領も二重瞼に整形したとの噂があるが、真偽のほどは分からない。

そんな風潮の中で、整形を受ける男性芸能人も多い。中でも9人組の男性アイドルグループZE・Aのグアンヒが、整形アイドルの第一人者といわれている。

彼はバラエティ番組で整形を告白し、整形前の顔を公開したが、整形前と後では別人の顔になっていた。

ここまで徹底した整形告白をすると好感を持たれ、芸能人としての彼のキャリアに整形が大きく役立ったといわれている。

整形が芸能人のキャリアに役立つことも事実だが、逆に、規格化された整形顔になり、個性が無くなってしまったケースも多数ある。

先述したカン・ハンナが出演したテレビ番組で語ったことでは、「最近では整形している顔はトレンドから離れつつあり、むしろ整形していない顔が人気になり始めた」という。

ガールズグループでも、整形していない女性を入れて整形顔とは違った自然体の顔を際立たせて、人気を上げるプロモーションも増えてきているという。周りが整形で整った顔ばかりだから、自然で整った顔が目立つようになっているという。どうやら韓国では、整形顔が飽きられつつあるようだ。

日常化するチャート操作

◆世界のネット投票を占拠

韓国政府が巨大な予算を投入し、日本の巨大市場をターゲットにしたエンターテイメントコンテンツは、無制限に韓国から日本に輸出できる。だが、韓国での日本大衆文化輸入は軽減されたとはいえ、いまだに厳しい輸入制限があり、不平等そのものの貿易が平然と行われているのが現状だ。

このことは、ＷＴＯ（世界貿易機関）の規定からも、違反である可能性が高いが、このような実情を韓国政府は巧みに利用している。

日本側の音楽業界は手詰まり状態に陥っていたため、安価で高品質のパフォーマンスを提供する韓国業界のビジネス戦略にメリットを感じ、「貿易不均衡状態」を問題にしなかった。

反面、日本への輸出に成功を収めたことを契機に、韓国政府は国家ぐるみで、さらなる宣伝工作に移った。

その象徴的なものが、ＶＡＮＫ（Voluntary Agency Network of Korea）を使った、ゴリ押しともいえる猛烈なＫ－ＰＯＰの宣伝だろう。

１９９９年1月に設立されたＶＡＮＫは、韓国の正しい姿を世界中に告知するために、インターネットなどを介して韓国に関する情報宣伝工作活動を行う目的で設立された。ＶＡＮＫは自らを民間外交使節団としているが、韓国政府から公金が支出されており、攻撃対象とすべきサイトへ、電子メールの大量送信やＤｏＳ攻撃を呼びかけることもしている。２０１２年9月の時点で、会員数は10万人とされている。

当初の目的は「サイバー民間外交官として海外にペンフレンドを作り、その交流を通じて韓国の正しい姿をインターネットで伝えよう」というものだった。

だが２００５年から、世界に向けて、日本の「歴史歪曲」を送信し、日本の国際社会での地位を失墜させることを目的としたディスカウントジャパン運動を提唱。英文ウェブサイトでは、第二次世界大戦中の日本の悪逆非道な行為を動画で発信している。

日本海を韓国流の「東海」に改めさせるメッセージを各関係機関に送り込み、その中の数カ国に日本海と東海の両用併記させることに成功したのも、彼らの実績の一つだ。

さらに、日本を世界から孤立させる「過去の歴史包囲網」のプログラムを推進しており、反日宣伝活動を現在も続けている。

このＶＡＮＫが絡んだのではないかと言われている宣伝工作の一つに、人気投票の集団投票事件がある。

アメリカの世界的情報誌『タイム』の企画「世界で最も影響力のある１００人」では、ネット投票システムを使ってランクを決めていた。

ところが、それを逆手にとられ、２００６年頃からＫ－ＰＯＰアーティストが1位になる、不自然な事態が相次いだのである。

２０１８年には、アメリカのドナルド・トランプ大統領、カナダのジャスティン・トルドー首相、アメリカ下院議長のナンシー・ペロシなど世界的に知られた人物たちに圧倒的な差をつけて1位に上がったのは、Ｋ－ＰＯＰグループのＢＴＳ（防弾少年団）で、2位に文在寅韓国大統領が選ばれたのである。

また、アメリカの経済誌『フォーブス』の「ここ30日で最もリツイートされたアーティスト」という世界的なランキングでも、カニエ・ウェストやジャスティン・ビーバーなどを押しのけて、その時点では無名に近いＢＴＳが1位になった。

この他にも、アメリカでもっとも権威がある『ビルボード』のチャート順位の不正操作が指摘され、ビルボードの信頼性を失わせている。

こういった不正操作の方法には、音楽ストリーミングサービスのアカウントを作り、ツイッターや各種ＳＮＳ、電子メールなどで、他国のファンたちにログイン情報を送り、情報を受け取った者がストリーミングを繰り返すなどの方法が一例として挙げられている。

その際、複数のデバイスを使ったり、ＶＰＮ（バーチャルプライベートネットワーク）を利用し、視聴者の位置情報を偽造し、アメリカで視聴されていると見せかけている。

あるＢＴＳを支援するグループが１０００件以上のアカウントをばらまいたといわれており、明確なチャート不正と判断された場合はチャートから削除される場合もある。

事実、２０１５年にシングル『Love Me Right~romantic universe~』で日本デビューした元ＥＸＯ（エクソ）のＫＵＲＩＳは、不正操作が認定されて、ビルボードチャートから削除されている。

こうした一種のサイバーテロのような、韓国サイドのなりふり構わないSNS上でのゴリ押しに対して、猛烈な反対行動も起きている。

ロンドンオリンピックのオープニングで、歌ってもらいたい歌手のアンケートを取ったところ、K－POPアーティストがレディ・ガガ、ジャスティン・ビーバーらの世界的な歌手を超えて上位を独占したこともあった。この結果に海外のネットユーザーたちが不満を抱いて投票に参加。その結果、日本のボーカロイド「初音ミク」が投票サイトで1位になるなど、混乱状態になってしまったのだ。

韓国の国家ぐるみのK－POP輸出戦略は、各地で反発を招き、嫌韓をひき起こす感情が顕《あら》わになりつつあるのも現実だ。

売れても地獄、売れなくても地獄

◆奴隷契約の本当の闇

韓国芸能界は、売れる輸出商品としてのK－POPを育て上げるために、才能のある若者を丸抱えにして、エンターテナーとして徹底的に鍛え上げていく「インキュベーティングシステム」を取り入れ、成功を収めていた。だが全体像を見ると凄惨《せいさん》な競争社会での限りないサバイバルゲームでもあった。

才能を見込んだ若者に大金をかけて厳しく訓練し、若者側も死力を尽くす努力をして、やっとデビューにこぎつけたとしても、成功するのは20パーセントに満たないとされるギャンブルであった。

同じようなシステムのもと次から次へと新しいアーティストが誕生し、よほどの新しいコンセプトでない限り、デビューしたからといって、成功するとは限らない。

大量生産されているため、突出したものが薄れて平均化され、売れる要素が激減していくという、逆スパイラル現象に陥っているといえるだろう。

新しいダンスやコスチュームを、やっとの思いでひねり出し、さあデビューという段になって、ライバル事務所がほぼ同じタイプのグループをぶつけてくる。「あとは宣伝プロモーションにどれだけのカネとコネを使えるか、ここからが本当の勝負になってくる』とは、制作現場にいる知り合いの話だ。

システム化されたアイドルづくりの現場は、担当部署のことしか統括できず、全体としての売り込みにはさほど関与できず、失敗した場合には互いが責任を追及するような場面がよくあるという。

それでも韓国の芸能界では、政府絡みの戦略としてコンテンツ輸出を狙っているために、変化を簡単に求めることが難しいとされ、商業的な性質が強くなったことで、収益率がより高い商品を制作する義務が生まれてくる。

芸術性を追求したり、自由に新しいコンテンツを作るという創造性の優先順位が低くなってしまった。その最も根源の問題は、感情を持った生身の人間の皮膚感覚が軽視されている点だろう。

詳しくは後述するが、ビジネスとしてのタレントづくりであるから、事務所は投資資金を回収するために、成功したアーティストの収益から補充せざるを得ない。そのためアーティストとしては成功すればするほど、事務所に搾取される金額が増えていくという矛盾が起こるのである。

アーティストの側からすれば、売れなければ地獄の苦しみを味わうが、成功してもしわ寄せがくるのである。

彼らにとっては成功しても地獄、失敗しても地獄という悲惨な韓国芸能界のシステムがあり、この現実が奴隷契約と呼ばれるものなのだ。

タレント志望者の、激しい競争倍率も問題を孕んでいる。練習生は学校での同級生が受験勉強に打ち込んでいる間も、猛烈なレッスンに取り組んでいる。中にはレッスンの時間を多くとるために学校を中退する者も後を絶たない。

幸いに大手の事務所に入ることができれば、デビューのチャンスも多くなるが、業界で多数を占める中小の事務所ではその確率は低い。そのために彼らはごく一部の成功者を除いて、多くがあらかじめ挫折を運命づけられている状況だ。

日本でも知られているように、韓国は凄まじい学歴社会だ。ソウル大学、延世大学、高麗大学の卒業生以外は、大企業はもちろん財閥系企業には入れないとされている。

韓国最大の財閥企業サムスンの幹部候補生として入社するには、ＴＯＥＩＣ（ビジネスマン向け英語検定試験）で少なくとも９００点を獲得していないとその資格がないとされている。

自分の恥を晒すようだが、私も学生時代にこの試験にチャレンジしてみた。英語は嫌いな科目ではなく、私的には他の科目よりは成績順位が高かったが、せいぜい６００点どまりだった。サムスンのハードルは相当高い。

このような社会背景を持った韓国で、学業を途中でリタイアした者の人生が、大きな負の要素になるのは容易に想像できる。

これも本人が選んだ道だから仕方が無いと言えばそれまでだが、挫折を前提にして成立している業界のシステムが、問題でないわけがない。

幼い頃から、外の世界を知らず、隔絶された特殊な世界でのみ生活し、育った人間が華やかな世界で活躍すれば、世間の注目度も高くなる。

収入も激増するが、常に転げ落ちる恐怖もある。ましてやネット社会では容赦のないバッシングを受け、重圧に耐えられなくなり、自殺に至ったり、違法薬物に走って自滅していく者も多いのが実情だ。

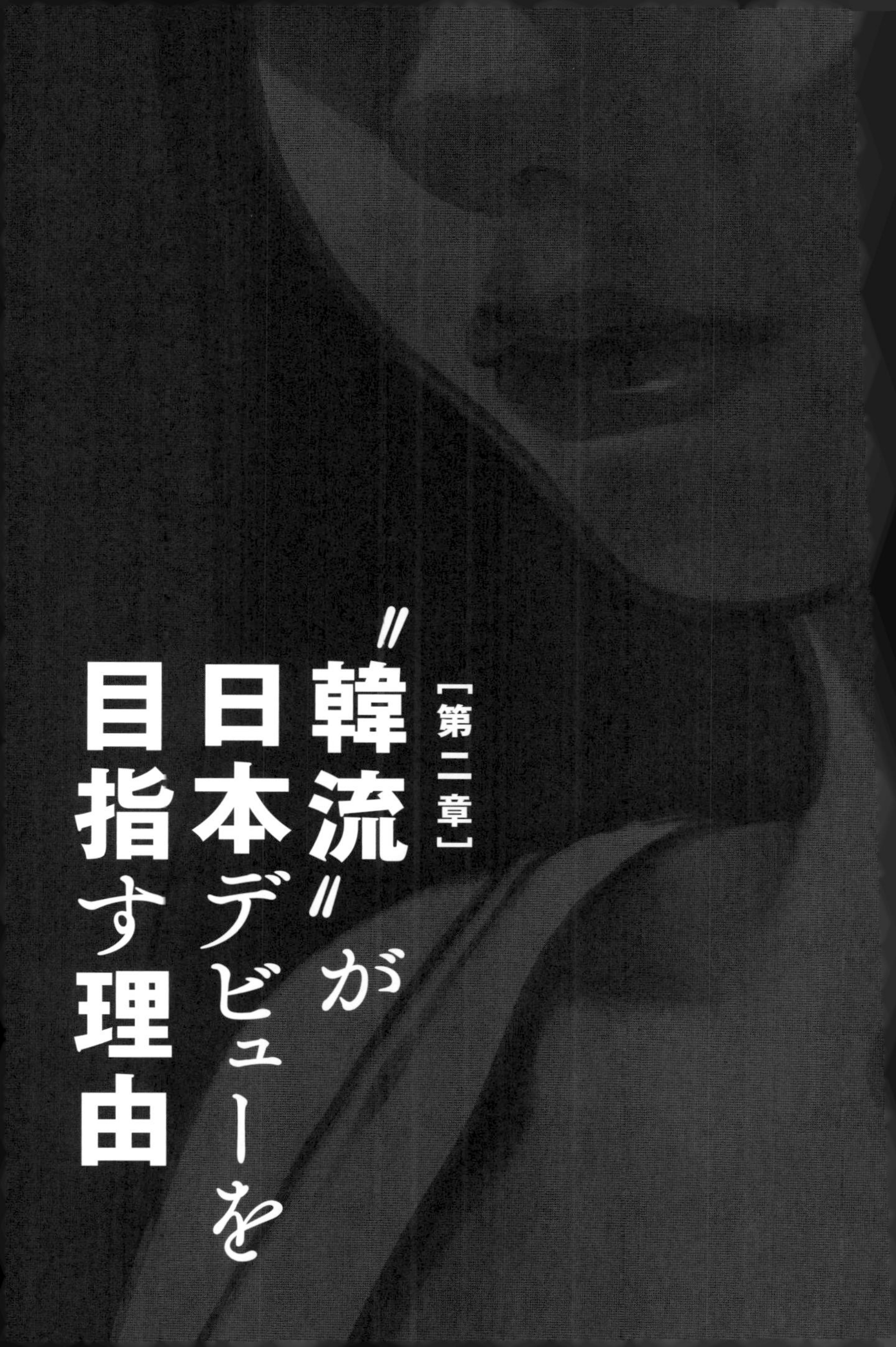

【第二章】〝韓流〟が日本デビューを目指す理由

K－POP以前の日韓芸能界の関係

◇日本の戦後補償とアメリカの支援で経済発展

日本をはじめ中国語圏や東南アジア、さらにはアメリカ、ヨーロッパで順調にブレイクするK－POPアイドルたち。

それを量産して、海外に送り出す韓国の音楽業界の基本的枠組みは、日本との繋がりが深い。それと同時に、韓国特有の歴史と文化、それに基づく社会的価値観で構成されている。

１９４５年、第二次世界大戦は日本の敗戦によって、韓国は日本から独立した。その直後の１９５０年には、北朝鮮との血みどろの朝鮮戦争をアメリカの支援を受けて戦い、生き抜いてきた。

相次ぐ戦乱で国内は疲弊しつくし、国民の数も激減していた。したがって、庶民の間でエンターテイメントを楽しむという心の余裕はなかったといえる。

１９５３年に朝鮮戦争が休戦してから八年後、社会がようやく落ち着きを取り戻し始めた頃、1961年に韓国でテレビ放映が開始された。

だが当時は最貧国の一つに数えられるほどに貧しく、テレビの普及には時間がかかった。この間の芸能界には産業といわれるほどのシステムも規模もなく、日本で紅白歌合戦に出場し、東南アジアやアメリカでも活躍したパティ・キムなどの人気歌手のマネジメントに携わったのは、主にレコード会社であった。

この当時の芸能界は、コネと人情で仕事をする時代で、芸能人とテレビ局、公演関係者との間では明確な契約関係はなかった。当然ながら、さまざまな裏取引や力関係によるせめぎ合いが、仕事を切り回す源泉として成り立っていた。

歌手が公演をする会場の選定や場内警備などは、裏社会の人間たちの働き場であった。テレビ局への出演は政治家も絡んで、深い闇の世界で、性接待やカネで交渉が成り立ったといわれてもいた。

1965年には、日本との間で「日韓基本条約」を締結し、戦前の賠償として日本から、当時の韓国の国家予算を凌《しの》ぐ総額8億ドル（無償3億ドル、政府借款2億ドル、民間借款3億ドル）の援助資金があった。

1946年にフランスとベトミンの間ではじまったベトナム戦争（第一次インドシナ

戦争）は、敗退したフランスに代わって、1961年から南ベトナムを支持するアメリカが参戦し、1964年から韓国軍が参戦。その見返りとしてアメリカから大きな援助があり、韓国は経済発展ができるようになった。

◆変わってきた韓国のマネジメント

1970年代になると、テレビ放送が徐々に普及して歌番組が増えてきた。この頃から歌手のマネジメントがビジネスとして活性化していくのだが、レコードプレイヤーやサウンドシステムが庶民の間に浸透していくには、まだ時間がかかり、レコード産業そのものはあまり発展してはいなかった。

そのため、歌手の収入源はショーとテレビ、ラジオ出演での出演料が大半を占めていた。

当時の芸能界マネジメント業は、現在のような組織だった企業形態ではなく、中心的な存在は個人マネージャーだった。

社長兼マネージャーといった人物が、電話を一本引いただけの芸能事務所で、人脈を辿って業界を廻って仕事を拾ってくるというものだった。そのために、レコードの企画はレコード会社の仕事で、マネジメントの立場ではレコードの企画に加わることはなかった。

だが、歌手を含め、芸能人たちの需要は増加しつつあり、タレントのスケジュールや収入を管理するマネジメント業が拡大していった。

１９８０年代になって、レコードプレイヤーなどのサウンドシステムが各世帯に行き渡るようになり、ようやく音楽産業が拡大するようになった。この頃になると、レコードの企画とマネジメントを手掛ける芸能事務所が現れはじめた。

日本デビューで『釜山《プサン》港へ帰れ』を大ヒットさせたチョ・ヨンピルが所属するチョン企画は、レコード企画とマネジメントをコラボさせ、その後の韓国芸能産業の方向性を決定づけたと言える。この後は、レコード企画がマネジメント業の中心を占めるようになる。

現在では、マネジメント業者が人材発掘からレコード企画までを一貫して行うシステムとなっている。

アメリカなどと違ってエージェンシーがなく、マネジメント業者がタレント養成から企画までを丸抱えにしてしまうやり方は、日本の歌謡界の構造とよく似ている。

元々、韓国の音楽業界は、日韓併合時代に日本が作ったレコード産業を土台に発達しており、戦後も裏社会がこの業界と深い繋がりを持ち、日本と深い関わりを続けてきた経緯がある。

１９７０年代に、『カスマプゲ』を日本でヒットさせたイ・ソンエの後に続く韓国出身の歌手には、１９８９年にＮＨＫ紅白歌合戦に初出場したキム・ヨンジャやケイ・ウンスク（桂銀淑）たちがいた。

日本でヒット曲を出した韓国出身歌手は、経済的にも潤った。この時期のことは私も覚えているが、韓国出身の歌手の日本へのデビュープロモーションには奇抜なものもあった。

確かケイ・ウンスクの日本デビューだったと思うが、東京の街角で屋台を引いて歌を歌う姿が週刊誌のグラビアに出ていた。

日本人に庶民的な親しみを感じさせようと企画されたものだったのだろうが、現在の感覚からすれば、相当奇妙なプロモーションだった。ともあれ、このような必死の売り込み作戦が日本で展開されていた。

だが、韓国では日本の大衆文化の流入制限があり、日本の漫画や書籍、映画、音楽が禁止され、韓国のテレビ放送でも日本語の歌詞を放送することや、日本のテレビ番組を放映することが禁止されていた。

１９１０～１９４５年の36年間、日本が韓国を併合していたことに反発する韓国人の国民感情があったことと、自国文化の保護のためでもあった。

戦後の韓国建国時の初代大統領李承晩は、悪感情を隠さない政策で日本に対していたが、これらが全面的に解かれたのは２００４年のことである。

しかし、この間には日本の映画やＪ－ＰＯＰなどは海賊版などで韓国内に浸透し、韓国南部の釜山などでは、九州で放映されている日本のテレビは、ほぼ自由に視聴できていたのである。

禁止されれば、それに対する渇望がより強まるわけで、日本のアイドルやＪ－ＰＯＰの影響は、若者が中心になって広まっており、Ｋ－ＰＯＰを生む素地が徐々に形成されていった。

日本の芸能事務所を真似したK－POP

◇新旧交代した日本の芸能界

韓国芸能界の黎明期には、芸能マネージャーがタレントを発掘し、コネを使ってレコード会社やテレビ局に売り込みを図るという状況であったが、日本市場でチョー・ヨンピルをはじめ、歌手を売り込む企画を中心としたビジネスモデルが成功したことで、音楽産業界は企業として成立できる状況が生まれつつあった。

とはいえ韓国国内ではいまだ「トロット」と呼ばれる韓国演歌が主流を占める世界であった。これでは新しく生まれた世代の需要に応えられず、韓国の音楽・芸能市場に拡大は見込めない状態だった。

韓国では社会が豊かになるにつれて、若者層が消費者として登場してきてはいたのだが、日本の大衆文化が制限されていたこともあって、後にＪ－ＰＯＰと呼ばれる日本の新しい音楽状況が十分伝わっていなかった。

したがって、若者世代は相も変わらず、古い世代を中心とした楽曲には言い知れぬ不満を抱いていた。当時の韓国の音楽業界には、これらの若者の欲求不満に応えられなかったのである。

1980年代当時の日本では、松田聖子、小泉今日子、堀ちえみなどのアイドルブームが起こり、「80年代アイドル」と呼ばれていた。一方で、安全地帯や五輪真弓、荒井由実などの新しいタイプの音楽シーンが主流となり、演歌の世界は狭められていた。アイドルブームの中で、新しいタレントの発掘に『スター誕生!』などの、テレビでのオーディション番組が登場した。

こうした動きは、ホリプロ、サンミュージック、田辺エージェンシーなどの新興プロダクションへのタレント供給源となった一方で、テレビの草創期から黄金時代を築いていた渡辺プロダクションの影響力が薄まりつつあり、芸能事務所の新旧交代を招いていた。

芸能事務所関係者には「3分で作れるカップ麺が受けたのだから、昨日の素人がアイドルやスターになれる時代だった」と言う人もいて、素人を斬新な企画とともに売り出すというビジネスモデルが、巨額の利益を得るような時代になっていた。

◆ジャニーズを参考にしたK-POP

1977年には、韓国でも新しいタレントを生み出す、テレビ番組がスタートした。それが韓国地上波テレビ局MBSが主催した「MBS大学歌謡祭」である。

この番組がたちまち若者の支持を得るようになり、国民的イベントとして大衆社会に受け入れられていった。

この番組で大賞を受賞すれば、その年を代表するヒット曲となる。同番組は大勢のスター歌手や人気バンドを輩出していった。

この一連の流れは、日本の芸能界の新しいトレンドを真似たものだが、目新しい傾向を持ったアマチュアの若者が、若いリスナーに受け入れられるようになった。

それにともなって、芸能事務所も組織的に動くようになり、エンターテイメント産業として巨額な利益を上げる企業に成長していったのである。

次々に登場してくる若いアーティストたちの中から、自らが作詞・作曲して売り込みをかけるセルフプロデュースで成功するケースも出てくるようになった。彼らは芸能事務所を脱した、新しいタイプの業界を創成するイノベーションを打ち建てたと言えるだろう。

これまで古いタイプの歌謡曲しかなかった韓国音楽芸能界では、個人芸能事務所が放送局などを回って仕事をとってくるのが普通の状態であった。しかし、セルフプロデュースとなると、企画から楽曲の制作まで歌手及び事務所が行わなければならなくなる。つまり楽曲自体が個性を持つパフォーマンスとなり、それを総合的にプロデュースする新しいイノベーションが必要とされたのである。

このノウハウを日本のジャニーズ事務者などからつぶさに研究し、韓国流にアレンジメントして実際のビジネスとして作り上げることに成功したのがＳＭエンタテインメントなどの新しいシステムを持った総合芸能プロダクションであった。ＳＭエンタテインメントの創設者であるイ・スマンなどは、日本独特のアイドルシステムや企画などを徹底的に研究し、ジャニーズの影響を受けたことは広く知られている。

このスタイルが若者に人気となり、ビジネスとしても新しいマーケットの開拓につながったのである。

その結果、ＳＭエンタテインメントでは、日本のジャニーズなどのアイドルをプロデュースする方法を韓国に輸入し、ダンスや演出などをアジア人の体型に合わせたパフォーマンス方法とアメリカンポップスを融合させた。要はアメリカ人的な雰囲気をフィーチャーしたアジア人独特のパフォーマンスをアメリカンポップス調の楽曲とコラボさせ、新しさを演出したことがＫ－ＰＯＰが世界で認知される要因になったのである。

この方法は、韓国内で音楽業界の基本戦略となったが、一定水準以上の発展をした後には、この手法には先がないと見越し、２０００年以降は北米をターゲットとした事業展開を企画するようになったという。

業界が発展し、ビッグビジネスとして成功するにはやはり韓国内の市場は狭すぎたのだ。

ジャニーズのタレントを中心とする日本のアイドルはロックミュージックを基調とする楽曲が主流だが、韓国の三大芸能事務所は特徴があり、ＹＧとＪＹＰでは黒人系アメリカンポップス、ＳＭがユーロポップ系だとされている。

世界的な展開を企画するには、このような幅広い音楽性が、Ｋ－ＰＯＰ全体として有利に働いたと思われる。

日本のアイドル界はその市場の豊かさから、主に国内展開を中心にしてビジネスを成立させているが、先細り感はぬぐえないだろう。その意味では将来的には韓国のビジネスモデルを日本も取り入れるべきだろうと私は思っている。

反日アイドルの本音と建て前

◆韓国トップアイドルの反日感情

2018年11月、韓国の男性人気アイドルグループ・BTS（防弾少年団）は、テレビ朝日の音楽番組『ミュージックステーション』への出演が決まっていたが、急遽キャンセルになった。

BTSは韓国の七人組グループで、日本のテレビでは初出演で、しかも出演者の中で唯一の2曲披露という破格の待遇であった。

出演キャンセルの理由は、BTSのメンバーが長崎に投下された原爆のキノコ雲と、韓国国民が万歳している写真がプリントされたTシャツを着ている姿をネットにあげていたためだ。このためテレビ朝日への抗議が殺到したのである。

NHKも紅白歌合戦への出演を検討していたようだが、出演オファーは出されなかった。

同時期、アメリカ・ロサンゼルスに本拠を置く強硬なユダヤ人団体が、ネットで拡散されていたBTSの原爆Tシャツとともに、ナチスを象徴する帽子や旗を持った彼らの動画を批判の対象とした。

BTSは、世界の若者の代表としてニューヨークの国連本部でスピーチをしていたという実績があり、ユダヤ人団体の抗議は世界的に拡がっていった。

この事件そのものは、彼らの所属事務所が軽率さを詫びて一件落着ということになった。だが、韓国の世論は一貫して反日だ。

韓国からは、毎年750万人を超える旅行者が日本を訪れ、日本から韓国を訪れる者を合わせると年間1000万人以上が直接交流している。

それにもかかわらず日韓の摩擦は一向に収まる気配がなく、かえってヒートアップしてきているようだ。

韓国のアイドルにとっても、狭い韓国市場よりも日本で成功することが必要かつ不可欠だが、韓国国内事情からすれば、反日的態度をとらざるを得ないというアンビバレンツな立ち位置にいる人が多いようだ。

とはいいつつも、韓国人たちは子どもの頃から例外なく反日教育を受けており、反日感情は身に染みついているといってもよいだろう。事実、日本でどんなに人気があっても、反日発言や行動を示すアイドルがいることも確かだ。

その最も分かりやすい例が、日本で大ブレイクした韓国人女優のユンソナだろう。彼女は、元々は韓国ＫＢＳのテレビのタレントとしてキャリアをスタートさせていた。日本のテレビドラマにも出演するようになり、バラエティー番組などへも出演するなど、日本で幅広い活動を続けていた。

明晰で明るいキャラクターで、日本で数多くのファンを獲得していたが、２０１０年代後半から韓国内でのドラマが決まり、韓国に帰国。すると日本の歴史教育は自分が韓国で受けたものと違い、日本はおかしな教育をしているという趣旨の発言をしはじめた。

せっかく日本で多くのファンを得たものの、反日芸能人として知られるようになっている。韓国で芸能活動するためには必要なことなのかもしれないが、やはり韓国人としての本音だろうとする向きが多いようだ。

日本での韓流ブームの火付け役ともなった『冬のソナタ』のヒロイン、チェ・ジウも、日本の歴史教育について「腹立たしい」と激しい言葉で非難したと報道された。彼女は、かなり激しい反日感情の持ち主として知られる存在のようだ。ドラマの中で見せた清楚で優しいイメージを持っていた多くの日本人にとって、彼女は正反対の日本人像を内に秘めていたようだ。

２０１６年、中国で放映する三菱自動車のＣＭ出演をオファーされた女優のソン・ヘギョは、第二次世界大戦中に三菱が韓国人を強制徴用して、奴隷のように働かせた『戦犯企業』だとして、出演を辞退していた。

彼女は反日を題材としている韓国映画には積極的に出演し、反日女優であることを韓国社会に強く印象づけていた。また、反日を公言している男優ソン・ジュンギと婚約したことによって有名な反日カップルだといわれる。

日本で人気の女性歌手ＢｏＡも、伊藤博文を暗殺した安重根を顕彰する『安重根記念事業会』という団体に５００万円ほどの寄付をし、反日としか言いようがない明確な態度を示しているようだ。

また、日本のファンが急増してＢｏＡブームが起こっている最中に、あっさりとアメリカからのオファーに乗り換え、日本での活動を全てキャンセルした。その後は日本での仕事には見向きもしない状態だという。

さらに彼女は2011年3月に発生した東日本大震災では、日本を侮辱するような言葉を吐露したと報じられた。彼女の態度に日本のファンたちはショックを受けているようだ。

日本のテレビ番組に出演した2PMは、2008年に韓国でデビューした男性6人のK-POPアイドルグループで、鍛え抜かれた肉体美をフィーチャーさせながら歌い踊るパフォーマンスで大人気となった。

2PMは2010年アメリカでコンサート活動を行い、12月の両国国技館で行われた日本の初ライブでは、女性を中心とした熱狂的なファンが詰めかけた。

だが、東日本大震災の際には「津波で流されたのは地球の不用品」などと、犠牲者をあざけるような発言を繰り返し、日本での人気が一気に引いてしまった。

東日本大震災に関して、人気韓国人芸能人の日本人侮蔑発言はこれだけに留まらない。韓国のヒットチャートで1位を取り、デビュー数カ月で大手ブランドと契約を結び異例の快進撃を果たした元2NE1のパク・サンダラもだ。

彼女は福島原子力発電所の事故に関して「(日本人は)原発を破壊して世界中を放射能汚染させた悪魔」として、額に日の丸を描いて、日本人がまるで人類を破壊する疫病神であるかのような過激な発言を繰り返していたのである。

◇ホワイト国問題が韓国芸能人に及ぼす影響

２０１９年7月、日本の経済産業省が韓国向け半導体素材輸出手続きの厳格化と戦略物資輸出国として、韓国への特別扱い（ホワイト国扱い）を見直すことを発表した。

このホワイト国問題では、韓国国内の反日感情が一気に盛り上がり、日本製品不買運動が急速に広がったが、これに直ちに反応したのが女優のイ・ナヨンである。

彼女は大ヒットしたドラマ『花より男子』に出演し、２０１５年に韓流四天王の１人であるウォン・ビンと結婚したことで知られているが、２０１１年から韓国内で１８７店舗を持つ「ユニクロ」ブランドのメイン・モデルを務めており、韓国内でヒートテックを流行させた立役者でもあった。しかし7月の段階で、韓国の新星通商のＳＰＡブランド「ＴＯＰＴＥＮ10」のモデルになることを電撃発表したのである。韓国ＳＰＡは２０１２年に設立されたユニクロに対抗するブランドであるが、メインモデルとして女優が起用されたのは初めてのことである。

一方のユニクロは「無印良品」「アサヒビール」と同じく不買運動のメインターゲットにされており、韓国では逆風の真っ只中にある。イ・ナヨンがTOPTEN10の「オンエア」のメインモデルになったというニュースは、日本製品不買運動中の韓国では最大級のグッド・ニュースとして話題になった。

翌8月には、日本の化粧品メーカーDHCの韓国法人「DHC KOREA」のCMモデルを務めていた女優のチョン・ユミが、肖像権使用撤回及びモデル活動中止をDHCに要求したことが公にされた。

彼女は2003年ロッテのガムのCMでデビューし、2004年に出演したドラマ『愛情の条件』で注目を集め、ドラマ『屋根裏のプリンス』でTV局が主催する2012年SBS演技大賞優秀演技賞を受賞した本格派女優としても韓国中で名が売れていた。

そんな彼女のDHC KOREAのモデル降板劇は、DHCの子会社DHCテレビが日本で制作するインターネット放送を問題視したことが背景にある。そこで流されている「真相深入り!虎ノ門ニュース」の出演者による嫌韓発言が韓国に伝わり、DHC製品の不買運動が広まったのだ。

韓国側のメディアによると、この番組の出演者は旧日本軍の慰安婦被害者を象徴する「平和の少女像」を侮辱する発言をしたほか、ハングルは日本人が広めたなど、ハングルに対する誤った発言をした。

さらに、2019年8月12日の放送分では「独島を韓国が1951年から無断占有した」とする自民党の青山繁晴参議院議員発言があり、同じく8月13日には「韓国人はすることが子供のようだ」とするジャーナリストの櫻井よしこ氏の発言を流した。

このような一連の発言が韓国に伝わり、韓国でDHC製品の不買運動が始まったのである。これを受け、オリーブ・ヤング・チェーンをはじめとする韓国のドラッグストア各社がDHC製品の販売を中止。DHCのモデルを務めるチョン・ユミに対しても非難の声が寄せられていたのである。

チョン・ユミがSNSにアップしたDHC関連投稿もすべて削除した状態にあり、今後、該当企業との再契約は断じてない」と、異例ともいえる厳しい言葉遣いでDHC KOREAと絶交したことを表明したのである。

これに対してDHC KOREAは、同年8月13日「DHCテレビ出演者のすべての発言に同意しないが、関連問題で物議をかもしたことについてお詫びする」との謝罪文を発表。さらに、「韓国と韓国人を卑下する放送を中止するよう要請を続ける」と続け、「皆さんのすべての批判を甘受し、もう一度国民・顧客・関連会社に心より謝罪する」との全面謝罪を行うことになった。

不買運動は、韓国で活躍する日本人アイドルにも飛び火していた。日韓を舞台にして活躍する人気女性グループのTWICE（トゥワイス）の日本人メンバーであるSANAやMINA、MOMO、さらには日韓女性アイドル・グループ「IZ＊ONE（アイズワン）」のメンバーでAKBグループ出身の宮脇咲良らに対して、韓国のネット上では「日本人メンバーは出て行け」と退出を要求する声があふれ、炎上騒ぎになっているのだ。

これによりTWICEのMINAは8月11日、「極度の心理的ストレスと不安を感じた」ことにより、グループのワールドツアーに参加しないことを所属事務所が発表した。反日運動によって韓国で活躍している日本人芸能人にも相当のプレッシャーがかかっていたと思われる。

こうした韓流芸能人たちの行動は、時の韓国政権と連動していると見るのが自然だが、そう考えるとこの問題はまだまだ予断を許さないだろう。

韓国芸能界の収入格差

◆生活が成り立つのは一握りの芸能人だけ

文在寅政権の韓国は、方向が定まらない中途半端な経済政策や、主たる輸出産業の半導体の価格競争では新興国に追い上げられ、急ブレーキがかかっている。

一般国民の間では経済格差が広がっており、特に若者の間では極端に就職が困難となり、大学は出たが仕事がないという状況が長期化している。先行きが見えない経済混乱と不況が、今後も続く可能性が極めて高い。

この状況は、韓国の芸能界も例外ではない。国外に強力な市場を持つＫ－ＰＯＰのトップグループは別にして、芸能界全般の不況は5年ほど前から目立つようになり、現在では格差がますます広がって深刻な状態になりつつある。

２０１７年10月に、韓国国会企画財政委員会のパク・グァンオン議員によって公表された国税庁の資料によると、韓国芸能界の上位1パーセントに当たる歌手46人は、平均年収42億６４００万ウォン（約４億２６４０万円）、俳優１５８人は平均20億８００万ウォン（約2億80万円）、モデル82人は平均5億４４００万ウォン（約５４４０万円）という。

上位10パーセントまで範囲を広げれば、歌手は7億３２００万ウォン（約７３２０万円）、俳優は3億６７００万ウォン（約３６７０万円）となる。

韓国の一般サラリーマンと比較すると、２０１６年10月に韓国統計庁が発表した「２０１６年度上半期地域別雇用調査・就業者の産業と職業別特性」という資料を見ると、韓国には約１９４６万７０００人のサラリーマンがいて、その内で月収１００万ウォン（約10万円）未満が11・2パーセント、１００～２００万ウォン（約10万～20万円）未満が36・6パーセントを占めている。

これは、韓国サラリーマン全体の45パーセントが２００万ウォン未満の月収で働いているという意味だ。

そんな一般庶民からすると、韓国芸能界の上位10パーセントは大富豪のように見えているのだ。

だが、これはあくまでも上位10パーセントの話に過ぎない。

上位10パーセントに含まれない大多数の芸能人たちは、一般的なサラリーマンよりも低い年収の場合が多い。

事実、上位10パーセントを除いた90パーセントに当たる下位の歌手の平均年収は、870万ウォン（約87万円）、俳優は620万ウォン（約62万円）だという。つまり、韓国ではほとんどの芸能人が年収100万円にもおよばないのである。

だが、こうした収入格差は、日本にもある。

日本ではお笑い芸人が、テレビのバラエティ番組だけでなく、あらゆる番組に出演しているが、決まったような顔ぶれである。

テレビに出ているのは一握りの芸人で、その底辺には1万人を超える売れない芸人が存在しているのだ。

日本のお笑い芸能事務所では養成所を運営しており、毎年数百人の芸人の卵が掃き出されてくる。吉本興業では6000人の芸人を抱えているとされるが、仕事の量は彼ら全員に回ってくるほどはない。

彼らの多くはバイトで生計を立て、たまに仕事が入ってもギャラの配分は、所属事務所が7、芸人が3なら良心的とされ、中には9対1もあるという。

テレビ番組では、芸人に無茶をさせて笑いを取るものもあり、それには彼らお笑い芸人が起用される。彼らもテレビに出る機会に恵まれたと、怪我をも恐れず身体を張った芸をしている。なのに研修生に対しては、「死亡した場合は一切責任を負いません」と誓約書を提出させていたことも明るみになった。

売れることが全ての社会では、売れねば意味がないのは当然だが、まさに「芸人残酷物語」の世界である。

◇悲惨なレーシングモデルの実態

モデルのムン・セリムは、身長174センチ、Eカップ、牛乳色の透き通った肌と豊満でセクシーな肉体を武器にしていたが、それが中国人実業家の目に留まり、結婚にまで至った。

彼女は韓国人モデルによくある、スリムなファッションモデルを目指して、ダイエットに励んでいたが成功しなかった。

だが、豊満な肉体を持つセクシーモデルとしてデビューしたところ、逆に細身が主流の韓国モデル界で注目されるようになったというから、「災い転じて福となる」の典型的な例だろう。

このようなシンデレラストーリーはもちろん稀で、韓国のモデル業界では、上位10パーセントを除いた平均年収が270万ウォン（約27万円）という、収入格差が極めて深刻なレベルである。その仕事だけでは生計を立てるのは無理なのである。

この激烈な生存競争が垣間見れるのがレースクィーンの世界である。韓国ではレースクィーンのことを「レーシングモデル」と呼び、彼女らの仕事はサーキットだけではなく、モーターショーなどで自動車の性能を説明したり、新車のデビューに彩りを添えることだ。

セクシーで華やかな衣装を身にまとい、カメラのフラッシュを一身に浴びるレーシングモデルたちは、まさに韓国人男性の憧れの的である。

しかし、一歩裏に回ると激しい生存競争の世界なのだ。その大きな原因として挙げられるのが、業界の狭さだ。

韓国のレーシングモデル専門サイトの集計によると、レーシングモデルとして活動しているのは150人ほどで、その内でモータースポーツに力を入れているタイヤメーカーや自動車部品メーカーの専属モデルとして契約できているレーシングモデルは、3

分の1以下である。

ほとんどのモデルは、所属事務所を持たないフリーモデルだという。それだけに年俸格差も大きい。

韓国芸能界の事情通の話によると、超トップモデルになると年間1億ウォン（約1000万円）の稼ぎがあるが、平均3000～4000万ウォンほどで、年齢が30歳代になると賞味期限が切れるという。

レーシングモデルといっても階級があり、ステージでポーズをとるメインモデルを頂点に、ステージの下でメインモデルと同じようなポーズをとるサブモデル、観客やファン、マスコミサービスをするフロアモデルとなっている。

経験を積むことで全員がモデルになれるわけでもなく、この業界で必要とされているのは美貌と若さのみだという。

賞味期限切れ直前の中堅モデルの中には、華やかなステージから離れられず、ノーギャラでいいから、せめてサブで使ってもらえるように頼み込むケースもあるという。

そんな弱みに付け込んで、スポンサー筋やマスコミ筋を名乗った男たちが、性的要求をしてくることも多いようだ。

かつて人気レーシングモデルだったイ・スジンが、テレビ番組で「1日500万ウォン（約50万円）で、性接待契約を交わそうと持ち掛けられた」と発言したことがあり、彼女らの過酷な実情が話題となった。

こんな不安定な業界の中で、唯一の希望とされているのが、年に一度開催される「韓国レーシングモデル・アワード」だ。

これは1年間に行われたモーターショーや新車発表会、モータースポーツ大会などで活躍したレーシングモデルたちの中から、投票によって大賞、最高人気賞、最優秀グローバルスター賞などが選ばれ、いわばレーシングモデルの表彰式でもある。賞に選ばれれば知名度も上がり、モデル業界でのし上がれるチャンスにもなる。

モデルアワードの受賞者が出演すれば、それだけカメラマニアたちの注目度が高くなり、呼ばれる回数やギャラも多くなるという。

一方、モデルとして起用されず、食っていけないモデルたちは、撮影会で稼ぐことになる。これはマニアやアマチュア写真愛好家たちを集めて行われる素人撮影会で、レーシングモデルには1回あたり40～60万ウォン（約4万～6万円）になるという。

しかし、これらの撮影会も不況のあおりを受け、回数も減少してギャラも30～40万ウォン（約3万～4万円）に値崩れしているという。

このため生活費を求めて水商売や風俗店に流れる者もいて、海外で風俗産業に携わる元モデルも増えた。彼女たちにとっては市場の厚い日本が良い稼ぎ場になっているようだ。

さらに韓国では、男性と女性の収入格差もある。

男性歌手は女性歌手の約2・8倍。男性俳優は女優よりも1000万ウォン（約100万円）ほど収入が多いという。モデルの場合は、これとは逆で女性の方が男性より約200万ウォン（約20万円）ほど多い。

これまで挙げてきた韓国芸能界のギャラ状況を眺めてみれば、どのジャンルでも、上位10パーセントが下位の90パーセントの80～90倍ほどの所得を得ていることになる。

下位の者が這い上がるチャンスは非常に限られている。下位の者は生活のためにアルバイトをしながら本業をしなければならず、目指す方向に集中して自己研鑽に励むことが難しい。

この主原因は、韓国の人口が少なく、マーケットが浅く薄いことだろう。

韓国芸能界だけでは先行きに期待が持てないので、多くの韓国芸能人たちが日本や中国、東南アジアに目を向けるのも当然かもしれない。

だが、海外に打って出ても、ごく限られた者にしかチャンスが巡ってこないのも実情だ。

海外で名を売るのはダンスや歌のレベルが国際標準以上でなければならず、言葉はもとより、そつのないマナーをこなす素養を身に付けていなければならない。

事務所は見込みのある若者には、莫大なカネと時間を費やして育てようとするが、過酷な訓練に耐え抜くだけの根性とモチベーションがない者は挫折の道しかない。

過酷な競争社会での負け犬の行く末には、相当過酷な未来が待っているとしかいえないのだ。

不動産投資で奴隷契約から解放されたKARA

◇アイドルたちのサイドビジネス

これまで述べてきたように、韓国ではアーティスト側に不利な奴隷契約と呼ばれる事務所との契約がある。

ただでさえ不安定といえる芸能界では、売れっ子になればなるほど、事務所との契約問題など憂慮すべき問題は多い。

そのため人気が軌道に乗ってきたら、副業や財テクに取り組んで、将来への不安を少しでも減らそうと思うのも当然のことだ。

まさしくトップアイドルたちの生き残り戦略で、よく使われているのが不動産投資だ。中でも有名なのは、今はなきアイドルグループKARAの不動産による財テクだろう。

KARAといえば、日本でも大ブームを起こした五人組の女性アイドルグループだ。2010年8月に『ミスター』で日本デビューし、『ジャンピング』や『GOGOサマー』などヒット曲を連発した。

2013年には韓国の女性アーティストとして、初めて東京ドームで単独コンサートを開催し、大成功を遂げた。だが、その翌年には、メンバーが相次いで脱退を表明したのである。

KARAはメンバーを新たに追加して活動を継続したが、2016年には残ったメンバーの4人中3人が、事務所との契約を解消し、事実上の解散となった。

グループの人気が最高潮に達した時に解散したのは、メンバー間での仕事量格差やギャラ問題、「奴隷契約」といわれる内容に関する事務所側とのトラブルが原因だとする見方など、各メディアではさまざまな憶測を呼んだ。

だが、業界関係者が私に話したことから推測すると、当時メンバーたちは事務所との間でギャラを巡って争いが絶えず、解散に至ったとのことだ。

話が拗れたのは、KARAメンバーの親や親戚がギャラ問題に口出ししたことだ。韓国では親には逆らえない風潮が強く、メンバーが業界の慣習に理解を示さない親の言う通りに従ったのが解散の原因であったという。

東方神起も2009年に絶頂期に解散せざるを得なかったが、これはメンバーが次々と兵役に就いてグループとして活動できない時期があったことが原因の一つといわれている。

だが東方神起の場合も親や親族の言い分が強く影響し、ギャラを巡って事務所との争いが絶えず、ついに解散に至ったというのが真相のようだ。

特筆すべきはKARAのメンバーたちが、このような状況を見透かしていたように、事前に手を打っていたことだ。

ＫＡＲＡの解散騒動が起きる直前の２０１５年、メンバーの１人、ク・ハラが韓国のセレブ街といわれるソウルの江南《カンナム》にある32億ウォン（約３億２０００万円）のビルのオーナーになっていた。

芸能人が不動産オーナーになるのは、そんなに珍しくはないが、20歳代で江南のビルとなると話は稀で、随分と話題になった。

ハラの物件は地下１階地上４階の低層ビルで、不動産業者の話では、ビルの延べ床面積は約５７５平方メートルという。周辺は閑静な住宅街で条件も良い。駅にも近く、好条件の家賃収入が期待できる物件だ。

ハラ自身に不動産財テクの才能があったのか、スタッフや家族に専門知識を持った者がいるのか定かではないが、実はそれ以前の２０１２年には江南のチョンダムドンにも一軒購入していた。

業界の事情通から聞いたところによると、当時の購入価格は11億５６００万ウォン（約1億１５６０万円）だという。彼女はこのビルに独自のリフォームを施し、カフェやネイルサロンなどのテナントに貸し出している。

リフォームして商業ビルにコンバージョンしたことで市場価格を吊り上げ、ちょうど脱退騒動が表面化した3年後の2015年には、20億8000万ウォン（約2億8000万円）で売却した。賃料収入や物件の売却差益を合わせても、相当な利益を得ていたのである。

このように、ビジネス面では彼女も自らの知恵を働かせながら、安定した収入を得るために努力をしており、必ずしも芸能界にしがみ付いていなくてはならない状況にはなかった。

だからこそ、事務所の契約に縛られるだけの存在から離れることができ、新しいビジネスの道に進む素地を創り上げていたといえるだろう。

そのためKARAメンバーとして、事務所の言いなりの役割を演じる必要がなく、事務所に対して堂々とものを言うことが可能だったのだ。

財テクで稼いだアイドルたちは、事務所との契約には縛られない。だからアイドルたちは、絶頂期に契約通りに芸能事務所から与えられる報酬を基にして、事務所とは無縁の世界に投資し、財テクを試みるようになったのである。

2009年にデビューした女性アイドルグループMissAのスジもその1人だ。デビュー曲『Bad Girl Good Girl』は発売と同時に各種オンライン音源チャートで1位となり、その年の韓国の各種音楽アワードで新人賞を受賞した。スジは、2016年に17億ウォン（約1億7000万円）の融資を受けて、37億ウォン（約3億7000万円）相当のビルを買い取った。

ソウル江南区にある地下2階地上5階のビルで、毎月の賃貸収入は1500万ウォン（約150万円）ほどとされている。

ビルの一部は彼女の両親が経営するカフェになっており、彼女の一族が生きていくための貴重な収入源となっているのだ。

元少女時代のジェシカも、2011年12月に不動産競売で12億1118万ウォンのアパートを落札し、妹のクリスタルと一緒に住んでいる。

当時、1億2000万ウォンの融資を受けたが、2年後にはすべて完済。現在の相場は23億ウォンほどに上がっているようだ。

同じく少女時代のメンバーであったソヒョンが手に入れた地上4階建てのビルは、12億9000万ウォンだった。購入に際して一部は融資を受けていたが、2013年には完済し、売却すれば30パーセント程の利益があるとされている。

事情通によれば、不動産業者や弁護士などがＫ－ＰＯＰアイドルに近付き、さまざまな知恵を付け、彼らもそれなりの報酬を受けており、ビジネスとしてもトップクラスの優良投資モデルとなっているようだ。

ともあれ、韓国のトップアイドルたちの生き残りを賭けた不動産投資は、タレント自身が全てを決定しているわけではない。家族や取り巻きなどの思惑や財テク知識によって大きく左右され、時にはシビアなビジネス効率よりも縁故関係が優先されることが多い。その典型例とされるのが、ハラと同じくＫＡＲＡのメンバーであったスンヨンの例だ。

彼女はハラが買った物件と同じ江南にある地下１階地上４階の小規模ビルを、45億５０００万ウォン（約４億５５００万円）で購入した。最寄駅から徒歩５分以内で２本の道路に面しており、立地条件も良好だ。

スンヨンも、ハラ同様に物件価値を向上させるために、購入１年後にビルのリフォームを行った。

スンヨン側は、このリフォーム費用をできるだけ安く抑えるため、数々のリフォーム会社の中から最終的には不可能なほど一番低く見積もった施工業者を選択した。

彼女は施工技術や専門家による客観的評価を無視して業者を選択した結果、工事が遅延して、工事途中から業者との間で費用のトラブルが起こり、工事途中で職務放棄される始末となった。

工事業者を3回も選び直し、工事費総額は初期の2倍近くにも膨れ上がり、11億ウォンにもなったとされている。通常なら8カ月程度で終わる工事期間も、1年半以上かかって、2016年1月にリフォームが完成した。

物件への目の付け所は良かったが、本人や取り巻きたちの財テク能力が乏しかったため、思わぬ損害を被ったのである。

とはいえ、その後何とか立て直し、年間約2億ウォンの家賃収入を得ているようだ。ビルの相場も上がり、現在では67億ウォンになっているという。

アイドルたちの生き残り戦略は、事務所との契約は関係ない不動産財テクや、投資会社、飲食店経営など多岐にわたっているが、成功と失敗は相半ばしている。

［第三章］

韓国裏社会と奴隷契約

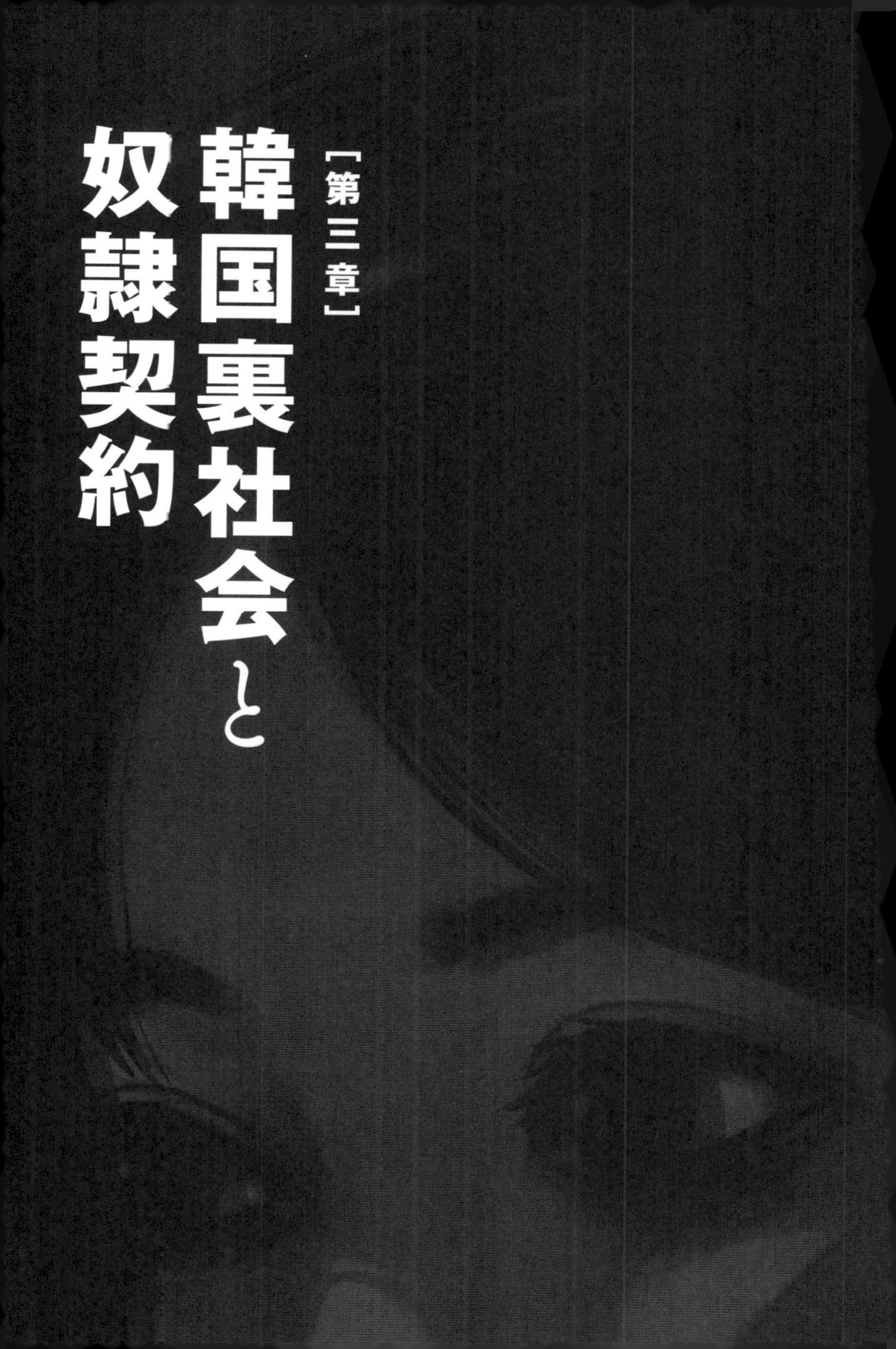

闇社会から資金調達

◆韓国芸能界にもあった暴力団との関係

私がソウルに事務所を開設した２０００年代中頃、韓国芸能界と日本の業界とのパイプ役を始めると、さまざまな方面から韓国芸能界の清濁両方の情報が入って来るようになった。

まず気を付けるようにとアドバイスされたのは、韓国芸能界と裏社会との関係だ。

当時、私は韓流ブームに乗った日本側からの取材のコーディネートを主な仕事としていたが、取材先には表向きは紳士的だが、時折尋常ではない目つきの者もいて、一緒に酒を飲むと、何処か普通とは違った雰囲気になる者もいた。

後でわかったことだが、暴力団を主人公にした映画がヒットした時期があった。韓国人の間にも日本と同様に、アウトローの世界を美化し、あこがれる若者たちがたくさんいたわけだ。

具体的には、チャン・ドンゴン主演の２００１年公開『友へ（チング）』や、２００６

年公開チョ・インソン主演の『卑劣な街』などがそれにあたる。

私が見たチョ・スンウ主演のヒット作『下流人生』(２００４年公開）には、１９７０年代に実際にあったといわれる、芸能界と暴力団の関係が赤裸々に描かれていた。

その当時の韓国は朴正熙政権下の軍事政権時代であり、暴力を含めて強圧的な社会だったといえる。作中でも殺伐とした暴力的な気風が支配的だった。

実際、かつては韓国でも日本と同様に、芸能界に暴力団の影がちらついていた。

韓国芸能界で長く過ごしてきた人の話によると、１９６０年代の映画界でキャスティングなどを取り仕切っていたのは暴力団関係者が多かったという。

70年代に活躍した歌手も、裏社会の後ろ盾がなかったらナイトクラブなどで営業できなかった。したがって、暴力団の縄張りが複雑に入り組んでいる地方などでは、その筋の事情に詳しくなければショー・ビジネスが成り立たなかったのだ。

少し筋を違えるといろんな妨害があり、タレントに身の危険がおよぶ場合も多かったという。当然、芸能人の興行には、必ず暴力団にカネを落とす仕組みが出来上がっていたのだ。

◆盧泰愚元大統領の「犯罪との戦争」宣言

韓国でも暴力団は非合法的な存在だが、芸能界に金銭面も含めて大きな影響力を持つ存在だったのだ。特に暴力団の介入がひどかったのが音楽関係だった。

１９９０年代後半まで、歌手やアイドルグループの地方公演では、常にその地域の暴力団が興行権や警備などを取り仕切り、その特権を利用して莫大なカネを手に入れていた。

当時、ある女性歌手のロードマネージャーをやっていた韓国人の先輩の話によると、歌手が地方公演に出演するとわかると、歌手を脅して芸能プロダクションとは関係なしに、その地方のナイトクラブのステージに立たせようとしたり、サイン会をさせられることもあったという。

１９９０年代にアイドル歌手として活動した人の話では、地方公演では怯えながらステージに立つことが多く、憂鬱《ゆううつ》だったという。当時の芸能界は、一歩間違うと身の危険に晒される、危うい世界でもあったのだ。

１９９９年10月に、当時の盧泰愚大統領が政権の民主化政策として「犯罪との戦争」

を宣言した。

全国の地検に暴力団撲滅を使命とする「民政特捜部」を創設し、芸能事務所や放送局などの黒いコネクションを根絶する強い意志を表明した。

暴力犯罪に対処する部署であるソウル中央地検強力部が本格的な調査に入り、有力組織を次々と解体に追い込んでいった。

この過程で、放送局プロデューサーの不正な金銭授受、組織暴力団の恐喝などが明るみに出て、40人を超す者が逮捕や指名手配され、多くの者が書類送検されたのだ。

こういった流れの中で、2000年代に入ると韓流ブームが起きた。そのため、俳優やアイドルの活動範囲が日本をはじめとする海外に広がっていった。

こうなると、個人事務所レベルの資金では賄いきれず、大規模な資金が必要となる。その資金を広く集めるために、韓国の芸能プロダクションの企業化が進み、暴力団とのしがらみや悪習を断絶する動きが活発化し、暴力団の介入も難しくなっていった。

芸能人たちが、韓国内の地方公演ではなく、海外での公演に力を注ぐようになったことで、地方の暴力団にカネが落ちる仕組みも弱まっていったのだ。

当時、業界人が集まる飲食店で「K－POP人気のおかげで首が回らなくなった」という嘆き節をよく聞くようになり、ある中堅芸能事務所の社長の話では、韓流ブーム以降、暴力団が組織的に介入してくるケースはほとんどなくなったという。

クォン・サンウ脅迫事件

◇芸能マネージャーが裏社会の人間だった

しかし、韓流ブームに食い扶持を奪われた彼らは、逆に韓流ブームを食い物にしようとした。この象徴が、2007年に発覚した韓流スターであるクォン・サンウ恐喝事件だろう。

クォン・サンウは2001年のドラマ『おいしいプロポーズ』でデビューし、2004年に映画『マルチュク青春通り』、ドラマ『天国の階段』で大ブレイク。ドラマはアジア各国で放映され、日本でも俳優として高い評価と人気を得ていた。

私自身は直接彼に接したことはないが、ソウルに住みはじめて韓国芸能界の事情に明るくなっていく過程で、彼の周りには暴力団関係者と思える人物が見え隠れしており、事務所のマネージャーも裏世界の人間だという噂が絶えなかったので、危うさを感じてもいた。

近年の日本の芸能界では、お笑いタレントたちが「闇営業」という事務所を通さない仕事を受け、オレオレ詐欺の集団や指定暴力団幹部という反社会的団体が主催するパーティに呼ばれ、報酬を受けていたことが発覚して問題になった。

関係したタレントたちは、そういう組織とは知らずに出ていたようだが、事務所から無期限の謹慎処分にされたことは、耳新しい事件だろう。

クォン・サンウ恐喝事件が表ざたになったのは、当時ドラマで絶大な人気を誇っていた彼を脅迫した元暴力団員の芸能マネージャーのペクを拘束・起訴したと検察が発表したことからだ。

ペクはクォン・サンウに「自分と専属契約を結ばなければ弱味を暴露する」と脅し「マネージメントをペクに任せ、約束を守らなければ10億ウォン（約1億円）支払う」という覚書を、強制的に書かせたという容疑だ。

検察の調査の結果、ペク容疑者は１９８０年代に存在していた韓国三大暴力組織の一つとされる「ヤンウニ派」の大幹部で、光州地域の暴力組織「シンハクトン派」の元組織員であることが判明した。

これと同時に検察は、組織暴力団汎西方（ポムソバン）派元親分キム・テチュン（2013年1月、64歳で病死）を拘束し起訴した。

キムは親交があったペク容疑者と、日本の芸能界関係者らの依頼で、クォン・サンウを脅迫していたのである。キムはクォン・サンウに、日本でファンミーティングを行うことを強要し、脅迫電話を3回かけたとされている。

「日本の友人が、お前から詐欺にあったと言って告訴するようだ。その内容をマスコミにばらす。それが嫌なら俺と会え。自宅はわかっている。会わなければどうなるかわかるか。明日から自宅が血の海になる。言うことを聞かねば家族ともども血の海に沈めてやる」と凄む声を、クォン・サンウが録音していたことが動かぬ証拠になった。

このクォン・サンウ事件は、暴力団がバックに付いているマネージャーが、芸能プロダクションに浸透していたり、芸能人が無名時代に結んだ関係から、その芸能人を通じて知った情報などを悪用し、影響力を行使してきた事実が明らかになったのだ。

この事件は韓国芸能界が、いまだに闇社会の強い影響力下にあることを如実に語っているが、暴力団が芸能界に介入してくる手口が巧妙になってきたことも見てとれる。

この恐喝事件のように、自身の背後に暴力団がいることを強調して脅したり、構成員を芸能プロダクションにマネージャーとして送り込み、そこで得た私生活の情報を悪用するようになった。

そしてテレビ局の大物プロデューサーや政治家、財閥の中心人物への性接待を強制し、さらにそのスキャンダルをネタに、政財界・マスコミに対して自分たちの影響力を行使しようとする。

また、韓流ブームで業界の規模が一挙に拡大し、それを賄うため芸能プロダクションが、巨額の資金を調達するための新証券市場のコスダックが、韓国政府の支援を得て創設されたこともある。

それに加えて韓国政府が公的資金を出し、韓流やK－POPを輸出商品として育成する政策を取ったことで、業界に流れ込む莫大な資金を狙った巧妙な手口が明らかにされた。それは、麻薬や売春などで稼いだ、豊富な資金をバックに芸能プロダクションを立ち上げるか、芸能プロダクションを買収して、金融市場への迂回上場に陰で関与し、合法的な資金調達で資金浄化に利用するもので、このような投資も、彼らの資金源となっていった。

クォン・サンウ恐喝事件のように、タレントのイベント出演やマネージメントに介入して、不当な利益を得ようとする手口もある。

新しいステップに踏み出して、海外をマーケットと定めた韓国芸能界の新しいステージを、巨大マーケットを相手とする膨大なカネ蔓《づる》として捉えた闇社会は、時が経つほど巧妙な手口を使って韓流ブームに食い込んでいるのである。

韓流が今後、クリーンで健全なエンターテイメント業界として発展していくためには、闇社会との関係を断つことが急務であるのは間違いないだろう。とはいえ、その撲滅は簡単でないのも実情だ。

事実、2014年10月、韓国の国会・安全行政委員会で明らかになった「組織暴力団検挙現況報告」によると、過去五年間で検挙された暴力団のうち、10代の検挙者数が309人にも上り、暴力団の若年化が進んでいるという。

それは映画のヒット作『友へ（チング）』や『卑劣な街』などに無関係ではないかもしれない。

若年層の失業率が急増しているが、韓国経済の構造的な問題から発する、社会に対する不満や、将来に対する不安などが社会の底流を流れているのだろう。

そう考えると、韓国芸能界と裏社会の問題の闇は深いと思わざるを得ない。

クォン・サンウ事件では、タレントが被害者であったが、芸能人と組織暴力団が持ちつ持たれつの関係にある例も多い。

私とも接触があった人気コメディアンら有名芸能人3人が、売春をする風俗店経営に関わった疑いで摘発されたこともあった。この店の常連客には芸能人10人余りがいて、その中の何人かは、私も顔を見知った者だった。

詳しくは後述するが、2019年に発覚したBIGBABG事件も、このような流れの中で続いている韓国芸能界の、なかば伝統的な事件の最も新しいスキャンダルだといえるだろう。

政治と芸能界と裏社会の関係

◆かつては必要悪だった裏社会との関係

日本での興行界と裏社会の関係は古く、江戸時代には相撲巡業や歌舞伎興行などで、興行場所の選定から会場整理、安全管理などは、ほとんど裏社会の組織的な切り盛りでなされてきた歴史があった。

かつての日本の芸能界は、闇社会との強固な繋がりがあったことはよく知られている。その代表的な事例としてよく挙げられているのは、山口組三代目組長の田岡一雄氏が代表の「神戸芸能社」が、歌手の美空ひばりや田畑義男の興行をマネージメントをしたり、日本プロレスの興行権も手中に収めていたことだろう。

当時19歳だった美空ひばりの場合は、1957年1月に、浅草・国際劇場のステージで、ファンの少女から塩酸をかけられるという事件があり、その恐怖から身を守るために山口組と深い関係となったという。

こういうことは日本だけに限らず、アメリカではフランク・シナトラとマフィアの関係は有名な話として知られている。

シナトラを介してマリリン・モンローも裏社会との繋がりが深くなり、不倫関係にあったJ・F・ケネディとの関係もマフィアの仲立ちがあったという噂もある。

もちろん韓国も例外ではない。1953年7月に、韓国では朝鮮戦争の休戦が成立し、ようやく社会が落ち着いてきた1960年代に、興行界の活動が活発化した。

当時は規模も小さく、個人マネージャーが歌手のマネジメントに携わることが多かった。しかし、興行界では契約が曖昧でトラブルも多く、これらの揉め事を腕力で解決する必要があったという。当然のように、マネージャーは裏社会との繋がりを持たざるを得なかったのだ。

◆政界と結びついた韓国の裏社会

韓流ドラマは、日本人の間ではドラマのロケ地を訪ねるツアーがブームとなるなど、大きな広がりを見せて経済効果も拡大していった。

ロケ地で売られる関連グッズをはじめ、旅行会社、航空会社、ホテル業界なども一気に潤ったのである。

当時、この時流に乗って、私が属していたテレビ番組製作会社でも、韓国を取り扱う仕事が急激に増えた。

ほぼ2カ月に1回のペースで韓国出張取材が続いていた。そのうちに、会社の方でもソウルに連絡事務所を持つ方が便利だとなって、私が少々の韓国語と英語が操れるという理由で、ソウルに常駐することになった。

韓国内にある親戚や、当時のカウンターパートとの親密な付き合いを通して、韓国人の世界にコミットしていくうちに、韓流ブームの中に潜む利害関係の側面が見えてきたのである。それは韓国芸能界と闇の世界の、長期にわたる複雑な関係のことだ。

日本での韓流ブームという新しい利権を巡って、さまざまな闇社会の動きがあった。日本の暴力団には、韓国籍を持つ人や韓半島にルーツを持つ組員が多く、韓国芸能界は日本の裏社会との絆が深く、親密な連携をとっていることが多い。

クォン・サンウ恐喝事件も、韓国の暴力団の親分が、彼に日本での活動を強要したことが発端だ。

逮捕されたキム・テチョンは、韓国にある三大裏組織の一つ「汎西方（ポムソバン）派」の前身となる西方派を率いた韓国裏社会の大物として有名な人物だ。

当時の韓国メディアや警察当局などの資料によると、1977年に西方派が組織され、行動隊長であったキムを中心に勢力を拡大していった。1970年代後半から80年代にかけて、ヤンウニ派やOB派とともに、韓国の闇の世界を牛耳ったのであった。

その後、キムが中心となって西方派を改編し、新たに汎西方派を結成したのは

1989年だといわれる。

キムの政界との強い結びつきは、1976年に深まったようだ。当時の朴正熙政権の中枢と結びつき、朴の政敵潰しに力を発揮したことで、韓国政界にも名前を知られるようになった。

その代表的な行動には、朴政権の指示で金泳三が代表の野党の新民党全党大会に乱入し、新民党候補の代議員に、角材を振り回すなどの暴行を働き、朴政権を優位に導いたとされる事件である。

これ以来、政権側からさまざまな支援を受けて勢力を拡大してきたという。

韓国における組織暴力団の系譜は、独立直後に成立した李承晩政権や朴正熙政権時代にさかのぼる。

朴政権時代には、1965年に締結された日韓基本条約により、日本から多額の資金が投入され、後に「漢江の奇跡」と呼ばれる高度成長が始まる時であった。

闇社会もこれらの利権にありつこうと、朴政権にすり寄った。当時は学生運動や労働組合など政府の批判勢力も強く、韓国各地でデモや暴動が起こっていた。

警察側も容赦のない取り締まりを強行し、多くの死傷者が出て社会全体が騒然としていた。

暴力団は権力側のボディ・ガードを務め、反対勢力への苛烈な暴力行使でその力を削いでいった。

クーデターで民主政権が誕生してからも、暴力団の政治介入が続いた。全斗煥政権時代には金泳三、金大中（2人とも後の大統領）らが結成を図った統一民主党の地方事務所が、角材を持った暴力団に襲撃される「ヨンパリ事件」が起きた。この事件は後に当時の政府筋の差し金であったとされている。

裏社会、芸能界、政界の裏コネクションが、一気に表ざたになった事件もある。

2005年5月の地方選挙で、暴力団員が服役中であるのにもかかわらず、ある候補の選挙運動に協力していたことが明るみに出たのである。

その暴力団員は、選挙運動に芸能人14人を動員して、選挙活動を手伝わせていたという。芸能人の大量動員が功を奏したのか、議員は市会議員に当選している。

一方、暴力団同士でも互いの利権や縄張りを巡る激烈な派閥抗争があった。結果、各々の潰し合いを経て次第に三つの組織に収斂《しゅうれん》されていったとされる。

韓国ではこの三大組織を中心に、末端組織を含んだ暴力団組織数は300を超え、その活動範囲は多岐にわたっている。

さらに、ソウルの組織と釜山の組織の間で覇権争いがあり、それぞれの組織が互いに連携して、広域化もしていった。

権力の側も、暴力団組織を使って政治的対抗勢力を暴力で抑え込む一方で、警察を動かして最大勢力の暴力団を壊滅させ、対抗する組織暴力団を自在にコントロールしていくという方法を取っているようだ。

1988年に始まった盧泰愚政権が、大規模な暴力団狩りを実行し、1990年には1年間に700人を拘束した。

組織が壊滅状態となった後、彼らは企業の買収や金融、建設談合などの分野に進出する。それと同時に芸能事務所を設立し、芸能人のマネージャー業などに手を延ばすようになってきたのだ。

やがて韓国芸能界も発展して、マネジメントの市場規模が大きくなると、それにともなって組織立った関係が築かれていく。

さらには1990年代後半から、韓国の芸能界は一気に拡大化し、芸能事務所も大型化して、韓国の証券市場コスダックに上場するなど、派手な資金集めで注目されるようになった。

これらの一連の出来事で、一時は鳴りを潜めていた闇社会の人間が、世界を市場とする巨大化した韓流ブームに乗り、さらに巧妙な手口で新しい食い扶持にしていった。

韓国社会にのしかかる兵役義務

◆韓国はいまも準戦時体制

日本で生まれ育った私には、韓国人の血は流れているが、正直言って韓国に生まれなくてよかったと思うことがある。

それは韓国で生まれた男性は、必ず軍隊に行かなければならない兵役の義務があることだ。

青春をどんなに楽しく過ごそうかと考えている日本の若者には、想像もつかないほど、兵役には精神的圧迫感がある。

韓国に住むようになってわかったことだが、全男性は共通体験として軍隊生活があり、彼らの意識の中には、社会生活をする上で上下関係が非常に大きなウエイトを占めていることだ。

その意味で韓国の社会は、私には整然と積み上げられたピラミッド型のような社会に見える。それは芸能界にいても厳しい上下関係が下敷きとしてあり、その間合いを間違えるととんでもないことになる。

だが、逆に一旦仲間と認められれば、日本人との付き合いでは想像もつかない友情と恩恵をもたらしてくれるのだ。私自身、仕事上でこの種の恩恵を受けたこともある。

韓国社会の基盤となっているともいえる徴兵制度は、朝鮮戦争の休戦が成立して以降のことだ。

1950年6月、北朝鮮軍が韓国に攻め入ったことで朝鮮戦争が始まった。

米軍が中心となった国連軍が創設され、北朝鮮軍（後に中国義勇軍も参加）に対抗した。戦闘そのものは北緯38度線を挟んで両軍が対峙し、1953年に休戦協定が結ばれ、一旦は収まった。

しかし、時の韓国大統領・李承晩は、あくまでも北朝鮮への反攻を主張して休戦協定には参加せず、韓国軍を強固な体制に保ちつつ、北朝鮮軍と緊張関係を続ける政策を取った。

したがって韓国は、現在も「準戦時体制」を維持しているのである。

◆兵役の実態

準戦時体制を支えている兵役制度では、すべての韓国籍を持つ男性は、19歳を迎える年に兵役に就くための身体検査を受けねばならない。その身体検査次第で七つの等級のどれかに振り分けられて、所定の兵役に就く。

等級の一～三級の者は、現役兵士として部隊に配属され、四級は現役の服務が難しいとされ補充役となる。補充役は公益勤務要員として、国家機関や自治体に勤務する。このクラスは一～三級の者と比べ負担は随分と軽くなる。

五級は第二国民役の制度に組み込まれ、戦争が起こった時だけ労働力として召集される。芸能人たちが兵役を免れる場合に、第二国民役で兵役免除となるケースが多い。

六級は何もしなくていい兵役免除で、最後の七級に認定されれば、再検査となって振り出しに戻る。

その他に、本人が一家の収入を支えている場合や、家族に朝鮮戦争での戦死者がいるなどの場合には、免除される制度もある。さらに、家族の生計を支える父親が急死し、本人が一家の大黒柱になったケースでは、現役入隊が短縮されることもある。

ペ・ヨンジュンとともに「韓流四天王」の1人である人気俳優のイ・ビョンホンは、兵役前に父親が死亡したため、現役入隊の予定が6カ月の短期服務になった例がある。

このような理由があれば、入隊を先延ばしすることも可能だが、期間は30歳の誕生日までが限度で、たいていの場合は大学在学中に兵役を済ませておき、除隊後に復学して卒業後に企業への入社試験を受ける。

そのため兵役を済ましていない学生は、就職後に兵役で長期休業しなければならず、企業から採用されにくい事情がある。

また、韓国独特の儒教社会の価値観もある。韓国の男性社会では年齢による上下関係を非常に気にする。軍隊では入隊順に上下関係が決まり、入隊が遅れれば年下の上官から指示や命令を受けなくてはならない。

韓国人男性は、年下から指示を受けるのを面子が立たないと考えるため、19歳になるとただちに入隊するのだ。

昨日まで一般の日常生活を送っていた者が現役入隊となっても、軍隊という特殊な環境に適応できず、軍のお荷物になってしまうため、入隊前の5週間で基礎訓練を受ける。基礎訓練で射撃や手榴弾の扱い方などの訓練を受け、制式訓練で軍人としての作法を学ぶ。具体的には軍人としての基本動作である行軍、敬礼、整列、歩き方などを指導される。

5週間の基礎訓練を終えると、軍の部隊に配属される。韓国には陸軍、海軍、空軍、それに海兵隊の四兵種があり、それぞれの兵種に特化した厳しい訓練が待ち受けている。この訓練は実に厳しいもので、耐えられずに自殺する者が出ることもある。

服務期間は陸軍と海兵隊が1年9カ月、海軍が1年11カ月、空軍が2年だ。文在寅大統領になって任期が短縮されたが、いずれにしても、韓国の男性は誰でも平等に、2年近くは軍人としての使命を果たさなければならない。

◆財力ある親が子を兵役から逃れさせる

人間の成長にとって20歳代の時期は、溢れるエネルギーと精神的飢餓、希望、不安を抱えつつも、既成社会の古い殻を破って新しい世界を作り出していこうともがき苦しむ世代だろう。

韓国のすべての若い男性が、この貴重な時期を軍隊という型にはまった中で、2年近くを過ごさねばならないことは大きな苦痛だ。

兵役義務を終えれば社会に貢献した男としての達成感が得られるが、とはいえ自ら進んで兵役に就きたい人はそう多くはない。

近年の若者は忍耐力が低下しているということもあるが、スマホやインターネットなどで軍隊での窮屈な生活を知り、特殊な集団生活になじめそうにないと考える若者が増えている。

入隊しても、規律に縛られた生活に耐えられず、訓練中の事故で死亡する者や、いじめを受けて自殺する者が毎年出ている。

2014年には、ストレスを感じた若い兵士が暴走し、隊内で銃を乱射して多数の死傷者を出した事件も連続して起きている。

そのため「兵役には反対、子供を入隊させたくない」と考える親も増えている。

権力とカネがあれば、何とか息子を兵役から逃れさせたいというのも親心だろう。

政界や財界の要人の息子が、さまざまな特権を使って兵役逃れをする例は後を絶たない。そのことが韓国国会で問題になり、政局の争点になることも多い。あれこれ手を尽くして、兵役を逃れようとする事件は後を絶たず、年々巧妙な手口になっている。

親に財力がある者の一般的な兵役逃れの手口は、留学などで長期間外国に滞在させて、滞在国の国籍を取得する方法だ。

長期的な戦略を立て、合法的に兵役逃れをする場合もある。

妊娠した女性が、アメリカに渡って出産する方法もある。アメリカは出生地法をとっており、アメリカ国内で生まれれば、自動的にアメリカ国籍を与えられる。その子は二重国籍となるが、18歳で自分の国籍を選択できるので、この時にアメリカ国籍を獲得すればアメリカ国民となり、韓国での兵役を逃れられるのだ。

２０１３年には、政府高官の息子たちが国籍変更で兵役逃れをした報告書が出され、韓国社会で物議をかもした。

この報告書などから明らかになったのは、権力者や金持ちの息子で兵役免除になる者は33パーセントもいたことだ。特権層による兵役逃れは一般人に比べて5倍にもなり、国民の間に政府への不信感となって政治的軋轢を生む結果となっている。

もっとも直接的な方法として、「兵役拒否」を宣言するという方法もある。

兵役の義務を拒否した場合、韓国の兵役法では「正当な理由もなく入隊に応じなかった場合、3年以下の懲役に処する」とあるが、実際にはほとんどが1年6カ月程度の懲役となっているようだ。

２０１５年までの過去10年間で、兵役拒否をした者は６０００人もいて、年平均６００人ほどが入隊を拒否しているが、そのほとんどが宗教的な理由という。

また韓国の法律では、18歳を迎える前に国籍離脱の宣言を行えば徴兵を受けなくてよいとなっている。そのため、18歳未満の男性の国籍離脱申告が急増し、過去10年間で国籍離脱をした男性は22万人にもなり、２０１６年には3万６０００人を超えた。これは過去最高の数字となっている。

国籍取得先はアメリカやカナダ、日本が人気とされるが、過去10年間で9万５０００人もの韓国人男性がアメリカに移住したとされている。

国外に移住する人も増え続けており、ある統計によれば10人中9人が「何時かは韓国を去りたい」と考えているようだ。

最近の韓国で起きているこのような状況を、マスメディアは「ヘル・コレア（Hell Korea）」現象と呼んでいる。

芸能人の兵役逃れの驚くべき手口

◆芸能界の兵役逃れ

このように現在の韓国では、若者の韓国離れが深刻化している。

若者の就職率が低く、将来に生活の見通しが立たないのも原因の一つで、外国企業に就職する例も急増している。

さらに兵役問題が若者に大きくのしかかり、国家の将来を左右するほどの大きな問題に成長しつつある。

とりわけ芸能人やスポーツ選手にとっては、一番脂が乗る時期に兵役で2年間を奪われるのは大問題だ。

必然的に芸能・スポーツ界の若者の兵役逃れが多くなり、２００４年には、芸能人とプロ野球選手ら136人を対象に、兵役法違反容疑で大規模な調査が行われた。

この時に摘発された男性俳優に、ソン・ホンスン、チャン・ヒョク、ハン・ジェソク、シン・スンハンがいた。

不正が発覚すると、法的にも社会的にも容赦なく罰せられることになる。

2000年に主演した連続ドラマ『秋の童話』のヒットで有名になったソン・ホンスン。2014年の連続ドラマ『運命のように君を愛す』で大ブレイクしたチャン・ヒョク。2002年ドラマ『明朗少女成功期』で財閥二世を演じて一躍スターとなったハン・ジェソク。この3人は、兵役逃れの公訴時期から時間が経ちすぎ、時効が成立していたため、即時入隊で罪を免れた。だが、シン・スンハンは、懲役8カ月の懲役刑に処せられた。

兵士の健康面の問題は、軍の根幹に影響する重大な問題で、健康に関する問題点を申告して認められれば、兵役は間違いなく免除される。だが、彼らは兵役検査を済ませていたので、病気を理由にして再検査を申請するための診断書が必要だった。

そこで4人は、所属する芸能事務所の幹部からブローカーを紹介され、その指示にしたがっていた。

病院で尿検査を受ける時に、心臓疾患を偽装するため、たんぱく質成分の薬品と血液を混入したデータを採取させた。

次の検査ステップでは、3時間前から粉末コーヒーを溶いた水を大量に飲み続け、腎臓障害を偽装した。

最後に、兵務庁で行われた再検査では、薬品と血液を混ぜた液体を尿道に注入して糸球体腎炎を装っている。

この偽装工作が成功して公式に認定され、彼らは兵役免除の資格を得ていた。

捜査で、4人は兵役を逃れを請け負うブローカーに依頼していたことが判明したが、このようなブローカーが存在すること自体が韓国社会に大きな波紋を投げかけた。

この偽装を指導した2人のブローカーは兵役免除を請け負う専門家で、医学的知識を持ち、2001年から逮捕されるまでの4年間で76人の兵役を免除させていた。その報酬として総額22億ウォン（2億2000万円）を受け取っていた。

彼らが逮捕され、4人の芸能人が芋づる式に摘発されたのである。

この事件は、何としても芸能人を軍にとられたくない所属事務所の意向と、軍隊生活を忌避したい芸能人の思いが合致した組織ぐるみの事件だ。

資本を投下してタレントを育て上げ、人気が出てきたところで投下資本を回収したい事務所にとっては、まさに旬の時期に軍にとられるリスクを回避したかったのだ。

同様に、医者とグルになって健康面での不具合を申告し、兵役逃れをしようとしたとされたのが、1998年にヒップホップグループ『People Crew』でデビューし、音楽番組のMCやドラマ主演で知名度が上がり、6枚のアルバムをリリースした人気のラッパーMCモンだ。

彼は2004年に、兵役服務を命じる入営通知を受け取った。だが、延期を繰り返した後、2007年になって歯の咀嚼《そしゃく》機能不足と認定されて兵役免除となっていた。

彼は兵役を逃れるために、2006年に健康な歯を12本抜いたのではないかという疑いが浮上した。元々歯が悪かった彼は、SNSを通じて歯の健康問題で兵役逃れが可能かという情報交換をしていたことが、疑惑の発端になったのだ。

彼は、歯を抜いてくれた歯医者に、8000万ウォン（約800万円）の代金を渡していたと報じられている。この件は2010年に、書類送検されている。

法的に完全クリアしていても、世間から疑惑の目をもって見られている、〝脱兵役〟タレントは多い。

その典型的なケースの一つが『冬のソナタ』で日本の韓流ブームを起こしたペ・ヨンジュンだ。

日本では「ヨン様」と呼ばれ、俳優活動とともに韓国の芸能事務所、KEYEASTの代表者である。この事務所には元KARAのク・ハラやキム・ヒョンジュンなどの大スターたちが多く所属している。

彼は「視力が極度に低い」という理由で、兵役を免除されていた。幼少期にテコンドーを練習している時に、相手の脚が目に当たってしまい、視力が無くなってしまったというのだ。

現在では目の手術を行い、視力が回復しているようだが、手術をしたのは28歳の頃で、この年齢であれば、兵役に問題はないはずだが、なぜか入隊していないということが問題になり、兵役逃れの疑惑がいまだに取りざたされている。

大スターのチャン・ドンゴンも、健康問題で兵役を免除されている1人だ。彼は気胸を患い、過去に手術を受けていたことが免除の理由となったとされている。

通常、軍に入隊しない場合は、その代償として役所勤務などをすることになっているが、チャン・ドンゴンはそのような代替勤務もしていないと噂されている。

アメリカやカナダで生まれ、兵役前に韓国籍を捨てて兵役逃れをする方法もあるが、芸能人の二重国籍問題は韓国国民から疑惑の目で見られがちだ。

このように韓流スターの兵役逃れの方法は枚挙にいとまがないが、一方で韓国での現役入隊の道を選び、韓国社会では「愛国者」として大称賛された者もいる。

元祖韓流スターの1人とされる俳優チャ・インピョだ。彼はアメリカ生まれのアメリカ育ちだが、1994年にアメリカでの永住権を捨て兵役に就いた。すでに高い人気を得ていたため、ファンからは入隊を惜しまれた。

ちなみにその後、2005年の国籍法改正で、二重国籍は厳しく規制されることとなり、兵役逃れの材料としては、ほとんど使えなくなってしまった。

◆芸能人に厳しい兵役免除

兵役は、芸能人がその活動を評価されれば、30歳まで入隊を延期することができた。

だが、2008年10月に兵務庁の方針が変更され、28歳以上の延期が難しくなった。

さらに、兵役前の満25歳以上の男性が海外に出る場合には、国外旅行許可を受けなければならない。その規定は、海外渡航は1回につき6カ月以内で、合わせて2年を超えることはできないという厳しいものである。

スポーツならオリンピックの銅メダル以上や、アジア大会金メダルを獲得した者。クラシック音楽の世界では、国際音楽コンクール2位以上の者というように、世界的に活躍した人たちが兵役を免除される制度がある。

最近のK－POPアーティストたちは、主な活動場所を海外とし、外国から高い評価を受ける者も多い。だが芸能に関しては兵役免除の制度がないため、不公平だという声もある。

とはいうものの、韓国で兵役に就かねば、国民の反感を買って人気が下がる。だから芸能関係者側はこれまで兵役免除制度を希望せず、東方神起やSUPER JUNIORなど、これまでK－POPグループのメンバーは例外なく入隊していた。

現在、この兵役問題で注目されているのが、日本でも人気が高いBTS（防弾少年団）だ。

BTSはアメリカのビルボードチャートで3作連続1位になり、2019年2月のグラミー賞でも注目された。その活動は韓国の国威発揚に著しく貢献しているとの声が強いのだ。

ＢＴＳメンバーは、まだ兵役に就く限度年には達していないが、最年長のＪＩＳは２０１９年の段階で28歳、ＳＵＧＡも26歳となり、兵役につく年齢ギリギリだ。

ＢＴＳの兵役問題は、韓国の芸能界がスポーツやクラシック音楽並みに国家に貢献していると認定されるかどうかにかかっているといえるだろう。

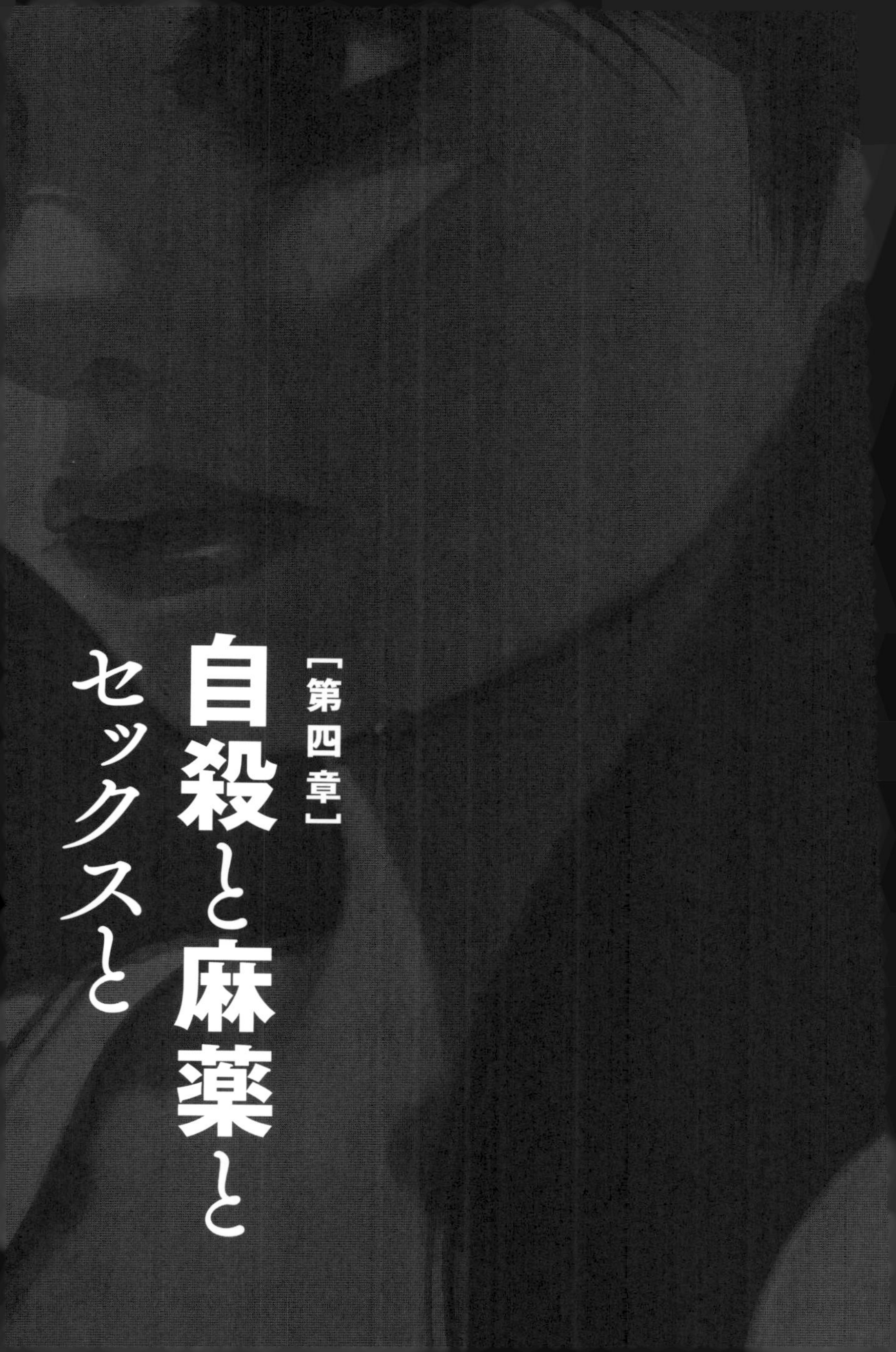

［第四章］

自殺と麻薬とセックスと

韓国芸能人の奴隷契約

◆あまりにも過酷な契約内容

韓国芸能界の現実を巡る報道で、ことさら刺激的な言葉は「奴隷契約」という言い方だろう。

これは芸能プロダクションとタレントとの間に取り交わされた契約内容が、タレント側にとって不利な条件になっているという意味だ。

この契約のことが表向きになったのは、２００９年8月9日。

韓国の民放テレビ局ＭＢＣの時事番組『時事マガジン２５８０』に、人気アイドルグループの東方神起が出演したことがきっかけだ。彼らはギャラにかんして、所属事務所のＳＭエンタテインメントが、グループを売り出す費用を差し引いた上で、残りの売り上げ利益を東方神起40パーセント、事務所側60パーセントと、不利な分配率にされていたと主張したのだ。

契約期間も13年間と長期に拘束される契約を結ばされており、13年ならアイドルスターとしての生命が尽きるまでの契約だと、その不当性を訴えた。

東方神起はこれらの主張を盛り込んで、SMエンタテインメントに対する訴訟を進めていることも改めて表明し、人気アイドルと大手芸能プロダクションとの間の契約問題が、社会的問題として取りざたされるようになったのだ。

当時は、まだ「奴隷契約」という表現はなかったが、この契約を基本的人権に反するものだとする過激なマスコミの反応もあった。

東方神起は、日本でもテレビドラマの主題曲を歌ったり、ドーム球場を超満員にするコンサートを成功させており、この契約問題は日本のメディアでも大きく報道された。

同じく、テレビ東京のドラマに出演するなど、歌手兼アイドルグループとして、日本でも大人気であった女性ボーカルグループＫＡＲＡのメンバー3名（ハン・スンヨン、ニコル、カン・ジヨン）も、不当な待遇を理由に訴訟を起こしている。３人は２０１１年1月に、所属事務所のＤＳＰメディアに専属契約解除を申し出て、翌2月にはソウル中央地方裁判所へ訴状を提出した。

この訴訟については、4月になって所属事務所がホームページ上で「すべての争いを円満に解決し、メンバー3人はＫＡＲＡでの活動を再開することで合意した」と発表し、一件落着したかにみえた。

しかし、その具体的な内容までは公表されていなかった。訴訟前年の２０１０年の日本国内でのアルバム売り上げが約25万枚（13億円）といわれているが、２０１１年1月当時、３名のメンバーは正当な利益を受け取っていなかったと主張しており、当時の月給は１人当たり14万ウォン（約１万４０００円）だったとも噂されていた。

この騒動以降、メンバーは揃わず、現在ＫＡＲＡは事実上解散状態だ。

◆海外で取り挙げられた「奴隷契約」

２０１１年6月、イギリス国営放送ＢＢＣが、Ｋ－ＰＯＰの世界進出をニュースとして取り上げた。

内容は、韓国の芸能人が、日本を含め海外市場に続々と進出していることを紹介した後、その背景には幼い歌手に対する待遇問題にかんして暗い側面が存在すると解説。そのうえで、このようなＫ－ＰＯＰの成功神話が、いわゆる「奴隷契約」と呼ばれる長期間の不平等専属契約の上に成り立っているものだと指摘した。

そして、実例として、東方神起の元メンバーと所属事務所との間で起こされた法廷訴訟を取り上げたのである。

これ以降、「奴隷契約」という言葉が世界的に拡散し、K-POPを語るキーワードの一つとなったといえるだろう。

同じく6月には、韓国のMBCが『時事マガジン2580』で、再度この問題を取り上げ、韓国芸能界の不公正な契約実態を「奴隷契約」だとして放送した。

韓国内の大手メディアが「奴隷契約」という過激な表現をしたことで、韓国社会に大きな反響を呼んだ。

当時、韓国のエンターテイメント業界に、「奴隷契約」という言葉に反発する者も多く、特に事務所関係者はこの言葉を侮辱と受け取り、怒りに近い感情を持っていた。

私も何人かの関係者の話を聞いたが、主旨は押しなべて「軍事政権から民衆の力で民主化を成し遂げた、韓国民と韓国に対する侮辱だ」というものだった。

もちろん事務所側の人間にとって、この件は死活問題だったが、韓国の近代政治の流れまで持ち出して反発しようとする韓国人の誇り高さは、在日として育った私には驚きだった。

タレントの側にも同様の感情があったようで、「奴隷契約」との表現で名誉を傷つけられたとして、人気歌手を含めた芸能関係者が、ＭＢＣに出演拒否を通告して正式に謝罪を求める騒ぎもあった。

だが一方では、有名で裕福な芸能人のこうした主張に、一般の人々の反応は冷たいものだった。

◆韓国社会に根強く残る儒教的価値観

韓国の芸能界で、このような状況が生まれたのには、韓国社会の根底に伝統的な儒教価値観があるからだという見方がある。

韓国社会の人間関係は、基本的に上下の関係であることはすでに触れたが、韓国に住んでいる私にも痛いほどわかる。

年齢が上の者と下の者では社会的立場が違ってくる。原則的には年齢が上の者が下の者を指導教育する立場にあり、指導を受ける者はひたすらそれに従う。その代わり、上の者は下の者を徹底的に庇護しなくてはならないのだ。食事に行けば、飲食代金は必ず年上が払わなければならず、下の者は飲食の間中、年上を立て続けなければならない。日本でよくやる割り勘という発想は、まずないと言っていい。

この構図を基本にして、韓国の芸能界が成り立っているといっても間違いではない。つまり、芸能事務所は素人を丸抱えにして、衣食住から歌やダンスのレッスン料、整形手術料、美容院代など、デビューさせるための費用一切を負担する。

これで練習生も生活は成り立つので、無給であっても文句は言えない。本人たちも売れていないので、給料が出るとも思っていないだろう。それに、お小遣い程度は出るようなので、ある程度のものは買うこともできるようだ。

事務所としても、売れるか売れないかは、かなりの賭けになるため、一から十まで事務所がつくり上げたタレントという意識で、必死に指導し、デビューのための売り込みをかけていくのである。

アイドルの育成はかなりの投資になるので、デビューまでにかかった費用を売れてから精算するためにこういった仕組みがとられている。そのため、デビュー後もしばらくは、投資額を回収して利益が出るまでは給料を支払わないのが、韓国では当然視されているようだ。

タレントにある程度の利益が出始めると、利益に見合った報酬が支払われるが、そのタレントがブレイクするかしないかで、支払額はかなり変わってくる。

ブレイクすれば年間数億ウォンの報酬を得るが、その逆だと給料も出ない上に借金を背負わされる可能性もある。

売れない理由は、事務所のプロデュース力に問題がある場合も多いのだが、芸能人を商品と見て、利益が上がらないとみれば、これまでの投資の回収を図ろうとするのだ。

K－POPのトップアイドルたちと、事務所側の立場は「タレントに投資して一から育て上げた」というところにあるだろう。

では一体どれぐらいの費用が、トップアイドルを養成するまでにかかるのだろうか。

私も日本と韓国で、長年この仕事に携わってきたが、これまでの経験上、実際の費用は絶対に明らかにされない。

その理由の一つとして、タレント候補生が利用したタクシー代など、細々とした支出をいちいち記録するという習慣が、韓国社会には根付いていないことがある。

日本では領収書をもらってそのつど精算するため全容はつかみ易いのだが、韓国では細かい費用計算を、これまでやってこなかった。

そんな中で、韓国の民放テレビＭＢＣが東方神起の訴訟問題に絡んだ数字を公にした。

それによると、東方神起の5年間にわたる売上総額は４９８億ウォン（約49億８００0万円）で、事務所側が投資した費用は２２４億ウォン（約22億４０００万円）。残りの２７４億ウォン（約27億４０００万円）を東方神起と事務所側が４対６で分け合ったということである。

また事務所側は、13年間の契約の理由について、グループが海外に進出するまではかなりの時間を必要としており、その期間を韓国で3〜4年間、日本と中国でも同じく3〜４年間と見積もって契約期間を割り出したとしている。

「奴隷契約」と見なされる問題点には、タレント側に莫大な違約金が科せられているという問題もある。

２００1年に、人気Ｋ－ＰＯＰグループＨ・Ｏ・Ｔのメンバー、トニー・アンが、事務所側と違約金契約を巡って法廷に提訴した。

これに関する韓国公正取引委員会の調査では、契約違反に対しては契約金の3倍、音源制作費や諸経費など総投資額の3倍、残存契約期間の予想利益の3倍。これに加えて別途５０００万ウォン（約５００万円）のペナルティが科せられたことが明らかになった。

また、芸能活動に影響をおよぼしかねない事件を起こした場合、アーティストはすべての賠償責任を負うという契約も公正取引委員会が問題視している。

この状況に対して、事務所には権利だけがあって、アーティストには義務だけがあるような契約自体が、社会的に見て問題があるとするのが韓国公正取引委員会の見解だ。

この契約からすると、２０１９年にピエール瀧が起こしたコカイン使用による逮捕では、ＣＭ、映画、音楽、ドラマなど数億円から数十億円と言われる損害額のすべてを、個人で支払わなければならないことになる。

Ｈ・Ｏ・Ｔの裁判では、公正取引委員会から違約金に関する是正が求められた事務所側の反論要旨は「巨額の違約金はアーティストに対する搾取ではなく、せっかく育てたアイドルを引き抜かれないための自衛手段である」というものであった。

競合他社が違約金を払ってまでタレントを引き抜こうとするのを防ぐには、引き抜いても損をするという違約金を設定するしかないと言うのだ。

つまり違約金は、タレントの契約違反に対するペナルティの意味があるだけではなく、競合他社から引き抜きされるリスクを減らすための意味合いもあるというのだ。

タレントを発掘して磨き上げ、デビューさせることで、ビジネスとして成り立つまでに経費が掛かるとしても、その投資のリスクは投資者が負うのが資本主義社会の原則だ。

上下関係を重視する韓国社会では、投資者は上の者と見なされているから、そのリスクを背負う者とされる。

成功したタレントの損害賠償金や引き抜き防止の意味を含んだ違約金などは、成功しなかったタレントの分まで計算に入れており、膨大な金額になっている。

そのことは、２００４年４月には、過酷な契約だという主旨の判決が出ている。

「奴隷契約」は事務所側に有利になる契約で、その核心には巨額の違約金が盛り込まれているのだ。

その結果、利益を搾取されて契約破棄もできないアイドルの立場は、基本的人権や労働契約の面から社会問題となっている。

性奴隷だった女優チャン・ジャヨンの自殺

◆彼女は性奉仕リストを残していた

2009年3月、韓国で若者に爆発的な人気を博したドラマ『花より男子』に出演していたチャン・ジャヨンが、自宅で首を吊って自殺した。29歳であった。

この事件は、後に「性接待」と「自殺」の関連性が取りざたされるようになり、韓国芸能界のもっとも暗い闇を象徴する事件として語り継がれている。

チャン・ジャヨンは、3人兄妹の末っ子で、事故で両親を亡くしているにもかかわらず、明るく闊達《かったつ》な性格だった。

2006年の26歳の時に、芸能界にデビューした。若い子が多い韓国芸能界では、相当な遅咲きだったが、初のドラマ『花より男子』の助演で大ブレイクし、同じ年に、映画にも2本出演し、将来を嘱望される女優となっていった。

女優としては、まさに上昇気流に乗り、これからという時の突然の自殺である。

姉の話によると、彼女はうつ病を患っており、警察の調査でもうつ病のため約1年前から通院していたことが判明している。

死因は自殺と断定され、死の2日後に葬儀が行われ、遺骨は両親の墓に葬られた。

これで一件落着と見えたが、彼女の遺書とされる文書が出回り、その内容が韓国の社会的問題となって拡散した。

彼女が残したとされる遺書には、スポンサーなどに対して酒の接待だけではなく、性の奉仕まで強要されていたことが綿々と書き綴られていたのだ。

これらの接待を強要したのが、プロダクションの前代表Kである。彼はチャンさんに性奉仕を強要したり、部屋に閉じ込めて何度も殴ったり罵倒したという。

衝撃的だったのは、その文書の中にチャンさんが奉仕した韓国要人のリストが含まれていたことである。

この性奉仕リストに挙げられた10人の実名や、顔写真が一時インターネット上に流れた。そこには韓国財界関係者や、マスコミ関係者の名前が挙がっていた。

このことが大きく報じられ、捜査当局も本格的な調査に動いた。

文書に名前があったとされる5人が捜査対象に加えられ、所属事務所や関連施設の防犯カメラ映像、パソコン、捜査対象者の通話やメールの記録、クレジットカードの使用履歴、奉仕現場とされた飲食店などが徹底して調査されていった。

さらに、チャンさんの知人など約60名が、参考人として呼ばれた。

この間、捜査の焦点となったプロダクションの前代表Kは日本にいた。Kは前年12月に、強制わいせつ致傷の訴えを起こされたうえ、麻薬使用の疑いもあり、日本に逃避していたのだ。

韓国当局の要請で、日本の警察も捜査に着手し、2007年6月、Kを不法滞在の容疑で東京都内のホテルで逮捕した。

日本から韓国に送還されたKの取り調べを経て、警察は4カ月間に至った捜査を終了した。

その結果は、チャン・ジャヨンの事件に関しては、証拠不十分で立件しないとなったのである。

◆立件されないスキャンダル

問題のキーパーソンで、プロダクションの前代表Kは、2002年に発覚した性奉仕事件にも、深く関与したといわれている。

韓国日報によると、２００２年8月、一部の芸能プロダクションが韓国の財閥二世や政界などの関係者に、人気女性タレントや新人女性タレントらに性の奉仕をさせていた疑いがあり、売春を斡旋したとして、警察が本格的捜査を始めたという。

しかし、ソウル地検は内偵捜査のみで、この時は立件が見送られていた。

この件は韓国国会でも問題になった。野党ハンナラ党の議員が国政監査の場でこの問題を取り上げ、当時与党の民主党の三議員が、性奉仕に関わったと追及した。

芸能プロダクションが、国会の関連常任委員会に対してロビー活動を行い、関係議員が放送局に圧力をかけ、その結果所属芸能人が頻繁にテレビ出演していたことを明らかにした。

その上、政界の関係者が検察に圧力をかけたため、捜査が打ち切られ、捜査を担当したソウル地検の部長は地方に左遷させられたと糾弾する事態にまでなった。

韓国芸能界では、立場を利用したセックスの強要は確かにある。

事実、２０１０年に所属芸能人を脅して、性関係を強要した芸能事務所社長に、実刑判決が下っている。

しかし、今回のチャンさんのセックスリスト事件のように、芸能界のスキャンダルが社会問題として大きく発展した事件では、捜査はされたが結局は立件されていないのだ。

そのこと自体が、韓国芸能界の闇の実態を如実に語っているとされている。

BIGBANGと薬物

◆麻薬と芸能人の根深い関係

2019年、日本では俳優兼歌手でNHKの大河ドラマにも出演中のピエール瀧が、コカイン所持と使用の疑いで逮捕された。

ほぼ同時期、韓国でも人気K－POPグループBIGBANGのボーカリストV．Iが、自分の投資ビジネスを円滑に進めるために、自分の経営するクラブに女性を連れ込んで、外国人投資家に性奉仕させていた。その際に麻薬で女性を酩酊状態にして、自由にもてあそんでいたという容疑で、警察から事情聴取をされている。

BIGBANGは韓国のみならず、日本、東南アジア、米本土などで大人気のグループである。アメリカのビルボードチャートにランクインするなど欧米でも評価され、世界的なK－POPブームの火付け役的存在だ。

だが、プライベートに関しては、メンバーのジードラゴンが、2011年に大麻使用で逮捕された。さらに2017年6月、メンバーのトップが、兵役中に大麻を使用したとして逮捕された。これに加えてメンバーの性交写真や動画がネット上に流れるなど、スキャンダルだらけであった。

V．Iが性接待した相手は彼と懇意といわれる日本の実業家や、香港、アラブの投資家も含まれているとされ、韓国内の報道では2015年12月、V．Iが実業家たちをソウルに招待していた。2泊3日の宿泊費3000万ウォン（約300万円）をクレジットカードで支払ったことが確認されたという。

V．Iに対する疑惑はほかにもあり、事件の舞台となった彼が経営するクラブ「バーニングサン」から5億ウォン（約5000万円）の横領、クラブ経営での食品衛生法違反、売春斡旋など多岐に渡っており、所轄警察署がそれらすべての容疑で逮捕状を請求した。

しかし、2019年5月14日深夜、ソウル中央地検は「証拠隠滅の怖れなどの拘束事由なし」として逮捕状請求を棄却した。
V．Iも芸能界引退を表明し、韓国社会を騒然とさせた事件は収束しつつある。同時に、兵務庁ではV．Iの入営延期期限が切れるとし、拘束され入隊できない場合は、法で定められた場合でない限り、入隊期限に関係ないとした。
表では爽やかな笑顔で歌い、踊っていたのに、裏ではこんなことをしていたとファンは驚愕し、BIGBANGにまともなメンバーはいないとショックを受けている。

BIGBANGのV．Iに絡む数々の疑惑は、現時点でも捜査が続いているが、同じメンバーで罪が確定しているのが、トップが起こした麻薬事件だ。

トップは兵役前の2016年10月に、ソウル龍山区の自宅でハン・ソヒとともに大麻を吸引した疑いで逮捕され、2017年7月に懲役10カ月、執行猶予2年、追徴金1万2000ウォンの判決が下されている。日本でいえばSMAP級のボーカルグループのメンバーの大スキャンダルであったため、韓国社会では衝撃をもって受け止められた。

彼の自宅でともに大麻を吸ったハン・ソヒは、当初マスコミでは「芸能界デビューを目指す女性練習生A」と匿名で報じられていたが、そもそもこの事件は2017年3月にハン・ソヒが麻薬所持で逮捕されたことで明るみになった。ハン・ソヒの交友関係からトップが浮上し、彼の毛髪を鑑定した結果、大麻の陽性反応が出たのである。

ハン・ソヒは一審で懲役3年、執行猶予4年、保護観察120時間、追徴金87万ウォンの刑が宣告された。彼女はこの判決を不服として控訴したが、その後控訴を取り下げ刑が確定した。

ハン・ソヒの罪がトップより重かったのは、大麻の吸引回数が多いことや、ほかの薬物にも手を出していたことが判明したからだ。

◆桂銀淑も覚醒剤に染まった

韓国では芸能人の起こす事件には、通常相当厳しい対応がなされている。

2010年7月に、韓国公営放送KBSの出演停止者リストが発表された。このリストには、犯罪などに関わって社会的に問題となった芸能人18人を名指しで出演停止処分にしていた。

中でも麻薬がらみで摘発されたのが9人で、株価操作、横領など金銭問題が3人、性的スキャンダルと賭博関連が2人ずつ、強盗被害狂言が1人ずつとなっていた。麻薬と犯罪が芸能人たちに浸透しているという証拠だろう。

芸能人が麻薬の所持や使用で捕まるのは珍しくなくなっているが、芸能人自身が麻薬密輸に携わっていた例まである。

２００９年６月、映画やドラマに出演していた女優ユン・ソリが、麻薬の密輸と密売の罪で懲役３年の実刑判決を受けた。

彼女は芸能人仲間からカネを集めて日本に渡り、知人からＭＤＭＡとケタミンを調達して韓国に持ち込んでいた。ユン・ソリは２００７年８月から翌年12月までに、１億ウォン（１０００万円）近くを集めて、日本と韓国を14往復もしていた。

密輸の手口として、彼女は生理用ナプキンに薬物を隠し、下ばきを１枚余分にはいて検査を逃れていた。

彼女がドラッグの密輸に手を染めたのは、生活苦からだといい、芸能人といえどもさほど売れていない身には、芸能人らしく振る舞うのには相当の負担があったようだ。生活費を稼ぐために、ソウル郊外の風俗店で働いていたともいう。

彼女の実刑判決後、歌手やモデルら８人がドラッグの使用で書類送検されたが、容疑者たちはユン・ソリを通じてＭＤＭＡを入手したとしている。

韓国人の女性芸能人と麻薬の関連でいえば、日本でも大活躍した歌手ケイ・ウンスク（桂銀淑）がいる。

独特のハスキーボイスで、当時としてはポップなバラード曲を歌い、日本レコード大賞を受賞し、多くの日本人を魅了した。1988年から7回連続でNHK紅白歌合戦に出場した。

その彼女が2007年には、覚せい剤所持の疑いで日本で逮捕され、懲役1年6カ月、執行猶予3年の宣告を受け、日本から国外追放処分とされた。

韓国に帰国した後は大した芸能活動はせず、年老いた母親の介護をしていたようだ。だが、2015年11月に、韓国当局に覚せい剤使用と2件の詐欺容疑で逮捕され、懲役1年6カ月と罰金80万ウォンの判決が下された。

その数年後、日本のスポーツ紙で彼女の近況が伝えられたが、年老いて往年の面影はなく、母親の介護をしながらひっそりと過ごしており、経済的にはかなり困窮していると報じられている。

常にテンションを上げていなければならないのは、芸能人の宿命といえるだろう。その点はどの国の芸能界でも同じだが、競争が激しい韓国社会ではまた日本とは違った張り詰めた空気が漂っている。

日韓両方を知っている私の感じでは、韓国芸能界で勝ち抜くには、韓国の一般社会で暮らす人の最低十倍の気の張り方が必要だ。

韓国の芸能人が、その厳しさからつい薬物に頼りたくなるのはありがちなことだろうが、その結果失うものがあまりにも多すぎるのだ。

あまりに多すぎる韓国芸能人の自殺者

◇面子と縛りで成り立つ韓国社会

韓国の場合、日本の芸能界と比べて現役芸能人の自殺が圧倒的に多い。

近年の大物芸能人の自殺では、韓流ドラマ『善徳女王』などで知られるチョ・ミンギ（52歳）が、２０１８年3月に、ソウル市内の自宅があるマンションの地下駐車場で首を吊っていた。

彼はもともと、自身の出身大学で教授をしていたことがあり、その当時数名の学生にセクハラをしたという容疑が持たれていた。警察がセクハラに関する捜査を始めようとしていた矢先のことであり、動機は俳優として彼のプライドから、セクハラという破廉恥罪で警察から取り調べを受ける恥辱に耐えがたかったと見られている。

加えて韓国では、ネットなどで日本とは比べ物にならないほどに激しい容疑者の追及がなされることがあり、彼は徐々に追い込まれていって自殺したという見方が強い。

２０１７年12月には、男性アイドルグループＳＨＩＮｅｅ（シャイニー）のメインボーカル、ジョンヒョン（27歳）が、ソウルにある民泊施設の部屋で倒れているのが発見され、大学病院に搬送されたが死亡が確認された。

ＳＨＩＮｅｅは、東京ドームコンサートなどを大成功させるなど、韓国だけではなく、日本でも大人気のグループだった。

当局は事件の可能性もあるとしていたが、部屋の中には練炭らしきものを燃やしたフライパンがあり、死因も一酸化炭素中毒だったことから練炭自殺と推定された。

韓流ブームの火付け役となった、ドラマ『冬のソナタ』に出演したパク・ヨンハ（32歳）も２０１０年６月に自殺している。

当時は、自殺の原因としてさまざま憶測が飛び交ったが、大きな原因の一つとして、彼の事務所の経営が思わしくなかったことが挙げられていた。

自身の活動に対して多くの負担を抱え、金銭的にも困窮する事態だったといわれていた。一見すると華やかな舞台にいる国際的人気俳優に見えていた彼も、心理的にも負担が大きく、先行きに不安を覚えていたようだ。

当時の彼は事務所の経営不振と、父親の胃癌療養の介護が重なっていた。韓国社会でも家族の絆は、一般的な日本人の感覚では推し量れないほどのものがある。

ヨンハの父は家族の長であり、韓国社会の一般常識からは、何としても父のために尽くしきらねばならない、濃くて深い関係である。弱っていく父親の介護、事務所の経営不振、スターとして保たねばならない生活水準などへの、心理的負担と経済的負担が重なった結果、心労で自殺に追い込まれたようだ。

◆女性タレントに多い「うつ病」

男性タレントだけではない。２０１５年2月には、女性アイドルグループＫＡＲＡの候補生で構成されたグループＢａｂｙＫＡＲＡのメンバー、ソジン（22歳）が、

KARAの新メンバーになれなかったことに絶望して自殺している。

BabyKARAも人気が出始めており、彼女はグループのリーダー格として活躍していた。2015年の公演先にあった花壇の中で、血を流して倒れているところを発見された。ただちに病院に搬送されたものの、外傷による出血が多く、そのまま帰らぬ人になった。

彼女は、次期KARAのメンバーとして注目されていたものの、なかなか正式にメンバーに参加することができず、悩んだ末に飛び降り自殺をしたと考えられている。事務所の発表によると、契約解除などがあり、うつ病だったことも判明していた。

2014年1月に自殺したハンナ（33歳）は、2004年にシングル曲『バウンス』で歌手デビューし、2011年に映画『金かばん』に初出演して女優としての知名度を上げた、歌手兼女優として韓国での知名度が高かった。

遺体は彼女の母親が発見したが、死因については発表されていない。だが、もともと彼女にはパニック障害があり、それが自殺の原因なのではないかと考えられている。

パニック障害になると、交感神経と副交感神経のバランスが崩れ、心臓結滞症、脈拍の乱れ、過呼吸症などの症状が出る。活発に動くことができなくなり、生活の質が著しく低下する場合があるとされ、華やかな生活をしている芸能人なら、なおさら精神的に不安定な状況に陥れば、パニック度は強くなることが想定できる。

外出が億劫になったり、物事が順調に進んでいても、そのこと自体にいいようのない不安を覚えるなどの症状になるようだ。

2013年3月、女優キム・スジン（38歳）は自宅で首吊り自殺をしていた。彼女と付き合っていた恋人が発見し、当局は事件と事故の両方で調べていたが、遺書のようなものがあった。

そこには「ごめんなさい」という内容の文言が記されていたことから、この遺書が決め手となって警察は自殺と断定した。警察は死因については何も発表していないが、うつ病が原因ではないかといわれている。

彼女は女優として一世を風靡したが、年を経るごとに出番が激減し、自殺当時はテレビで見る機会も全くなくなっていた。彼女がうつ病を患っていると表面化したことで、さらに精神的に追い込まれたといわれている。

2012年6月に死亡した、チョン・アユル（25歳）も首吊り自殺だった。

ソウル市内の自宅で遺体が発見されたが、外傷もなく警察は自殺と断定した。自殺の動機は不明ということになっているが、実際に彼女は不眠症やうつ病を訴えていて、それが自殺の原因ではないかといわれている。

彼女が出演したドラマやＣＭのギャラが未払いであるなど、金銭的にもかなり追い込まれていたようだ。事務所が生活費の一部を負担するなどしていたようだが、金銭的ストレスが自殺に直結していたともされる。

２０１１年には、人気スポーツキャスターのソン・ジソン（29歳）、２０１０年にはタレントのパク・へサン（29歳）などが自ら命を絶っていた。

２００９年には、ファッションモデルのキム・ダウルやタレントのウ・スンヨン。そして性奉仕リストで韓国社会に衝撃を与えたチャン・ジャヨンの三人が相次いで自殺している。

かつて読売ジャイアンツに在籍していたチョ・ソンミン（趙成珉）投手の元妻で、女優のチェ・ジンシル（39歳）は、ソンミンと離婚した4年後の２００８年に自殺している。元夫だったソンミン（39歳）も、２０１３年に交際女性宅で自殺した。

こうして見ていくと、韓国では多くのタレントや芸能人が、自殺していることがわかるが、それにしても、何故韓国ではタレントの自殺が後を絶たないのだろうか。

自殺の原因として取りざたされているものには、うつ病やパニック障害、家族との関係などが多く挙げられている。中でも圧倒的に多いのが「うつ病」を中心とした精神疾患に起因するものだ。

だが、「うつ病」に追い込まれる前には、精神的な脅迫観念があるはずで、それを解消する方向に向かわねば、解決されないのは明白だ。

うつ病芸能人を生み出す土壌とは

◆韓国人には精神疾患が多いというデータ

『冬のソナタ』にも出演していたパク・ヨンハ、『火の鳥』に出演していたイ・ウンジル、チェ・ミンシクなど、一瞬の煌《きら》めきを残して、自らの意思でこの世を去った韓流スターたち。

この数年に限らず、韓国芸能人の自殺率の高さには、日本人の感覚からすれば、信じ難い状況だろう。

自殺した韓国の芸能人

タレント名	性別	死亡年月日	経歴
イ・ウンジュ	女性	2005年2月22日	女優
U;Nee	女性	2007年1月21日	美貌のセクシー系K-POPシンガー
チョン・ダビン	女性	2007年2月10日	女優として人気
チェ・ジンシル	女性	2008年10月2日	モデル・女優で多くの映画やドラマで活躍
キム・ジフ	男性	2008年10月6日	モデルや俳優として活躍
イ・ソヒョン	男性	2008年12月1日	人気コーラスグループM.STREETのリーダー
チャン・ジャヨン	女性	2009年3月7日	日本のコミック「花より男子」韓国実写版に出演
ウ・スンヨン	女性	2009年4月27日	ファッションや雑誌モデルとして活躍
チェ・ジニョン	男性	2010年3月29日	映画やドラマで活躍
パク・ヨンハ	男性	2010年6月30日	日本でも人気を集めていた
ユジュ（イ・ヘリン）	女性	2010年10月23日	SSENでデビューしモデルやレースクイーンで活躍
チェ・ドンハ	男性	2011年5月27日	SG Wannabeの元リーダー
ハン・チェウォン	女性	2011年8月25日	美人タレントとして活躍
キム・チュリョン	男性	2011年11月8日	古くから活躍していた映画俳優
チョン・アユル	女性	2012年6月13日	ドラマやCMに出演
ナム・ユンジョン	女性	2012年8月1日	女優としてさまざまな作品に出演
ウ・ジョンワン	男性	2012年09月15日	韓国で名の知れたタレント
キム・スジン	女性	2013年3月29日	女優として人気
チョ・ヒョンギル	男性	2013年1月2日	芸能事務所や制作会社の代表、韓国料理店も経営
チョ・ソンミン	男性	2013年1月6日	読売ジャイアンツで活躍していた元プロ野球選手
キム・ジョンハク	男性	2013年7月23日	テレビドラマの演出家でプロデューサー
キム・ジフン	男性	2013年12月12日	歌手としてDUKEの元メンバー
ハンナ（ハン・ジソ）	女性	2014年1月	歌手や女優として活躍
ソジン	女性	2015年2月24日	KARAの候補生グループBaby KARAのリーダー
パク・ヨンジン	男性	2015年6月23日	俳優として活躍
カン・ドゥリ	女性	2015年12月14日	愛らしいルックスで人気女優
キム・ソンミン	男性	2016年6月26日	俳優
ジョンヒョン	男性	2017年12月18日	アイドルグループSHINeeのメンバー
キム・ヒョンジ	女性	2017年10月30日	オーディション番組出身の歌手
チョ・ミンギ	男性	2018年3月9日	母校で大学教授の過去がある俳優

２０１０年7月、ニューヨークに本部を置く中国系の「大紀元時報」では、韓国芸能界のこの現象について、延世大学行政大学院に在籍する韓国女優・朴辰姫さんが書いた、「韓国芸能界の自殺問題に関する学問的研究」を紹介している。

論文では、調査対象になった２６０名の韓国芸能人のうち、40パーセントが軽度あるいは深刻なうつ病を患っており、40パーセント以上が自殺する傾向にあったと指摘しているという。

事実、韓国芸能人の自殺原因として、精神疾患でも特にうつ病が取りざたされることが多い。

この現象は芸能人だけに留まらず、２０１７年4月に韓国保健福祉部が発表した「二〇一六年の精神疾患に関する実態調査」の結果によると、韓国の成人が一度以上精神疾患を患ったことがある割合を表す「精神疾患生涯有病率」では25・4パーセントというのだ。男性が28・8パーセントで、女性が21・9パーセントだという。

直近の1年間に精神疾患を患った人の割合でも11・9パーセントで、約４７０万人が心の健康に問題があったと推計されている。うつ病の生涯有病率は5パーセントで、女性が男性の2倍以上とされる。不安と恐怖により、日常生活に支障が出る不安障害の生涯有病率は、男性より女性が高いという結果だ。

ちなみに、厚生労働省の調査によると、日本の精神疾患の患者数は、２０１４年の調査で約３９２万４０００人。韓国の精神疾患患者数がいかに多いかわかるだろう。

うつ病の多さに伴い、韓国では自殺率も高い。経済協力開発機構（ＯＥＣＤ）加盟国中で、韓国の自殺率は２００３年から２０１６年までの13年間連続で上位にランクされるワースト記録を持っている。

韓国統計庁の資料によると、２０１６年の自殺者は１万３０９２人で１日平均36人。40分に１人が自殺する計算になっている。

この数字はＯＥＣＤ加盟国の平均12・１人に比べ、２・４倍に相当しており、日本の17・６人に比べてはるかに多い。

２０１６年の韓国警察庁の資料によると、自殺の原因についても、１位はやはり精神的問題（36・２パーセント）となっている。韓国での自殺は交通事故による死亡率の２・５倍だ。

こうした社会的背景がある韓国で、一般人よりも華やかで、目立つ存在の芸能人は、よほどに強靱な精神の持ち主でなければ生き抜いていけないようだ。

多くの業界関係者や、芸能ジャーナリストなどが言うのは、韓国の芸能人たちは経済的なプレッシャーや、世論の圧力に耐えなければならず、常に緊張を強いられる精神状態にあるという。

◆強靭な精神力がないと生き残れない

韓国芸能界の厳しい生存競争は、自殺の原因の一つであるといえる。

韓国の芸能界では事務所とタレントの給与配分は一般に7対3、あるいは8対2の割合とされ、公演の経費も芸能人が自腹を切る場合があるという。

小規模芸能事務所の多くは、経営状態が良くないという理由で、タレントの給料を搾取して、一割の報酬さえも得られない悲惨な境遇に置かれているようで、こうした芸能人の数は少なくない。

芸能プロダクションにしても、一発当たれば大金が入る韓国芸能界に憧れて、次々と人材を送り込むが、成功するには莫大な投資が必要なことは、これまで紹介してきた通りである。

投資をしても当たるかどうかは分からないというギャンブルで、ハイリスクの世界を耐え抜いていくのは容易ではない。当事者たちはいつも不安とストレスに苛まれているのである。

それに、韓国内での市場は狭く、仕事の量が限られているがタレントは多く、凄惨な競争の中で栄光をつかみ取らねば生きていけないという状況がある。

過度な競合環境で、芸能人は所属事務所にコントロールされ、金儲けという歯車の一部になってしまっているのだ。

そのため、タレントは恋愛や髪形、些細な私生活まで、すべてを事務所に管理されているケースが多く、事務所が想定している理想の姿が求められており、自由はまずないといっていい。

そのうえ前述したように、事務所から性的な奉仕を強要されるケースもある。

多くの芸能人は、人気が出ると奴隷契約から逃れようとして、事務所から独立することを望む。

しかし、人気があるタレントでも、プロモートしてビジネスとして芸能界を泳ぎ渡っていくノウハウに乏しいため、失敗する例が多い。

仕事の絶対数が限られている中で、業界の既得権益を犯す新しい動きは、業界全体として極度に警戒されるのだ。

芸能界の、特にＫ－ＰＯＰにコリアンドリームを夢見ている多くの人には、この件についての現実的理解に乏しいように私には思える。

日本の芸能界は韓国と比べて市場の懐が深く、日本的な習慣として、タレントには「月給＋広告などの収入の歩合制」で支払われることが多い。

つまり、タレントを商品としては見ず、持ちつ持たれつの関係という傾向が強く、タレントたちは比較的安定した収入を得られているようだ。

事務所のタレントに対する私生活への干渉も、韓国スターに比べて低いようだ。

私は、日韓双方の芸能界にかかわって来たが、そのことからいえることは、韓国芸能界は自分が生き残るために切磋琢磨し、相手を打ち負かしてでも生き延びていくというものだ。

一方で日本の芸能界では、もちろん競争はあるが、個性を重んじ、和をもって尊しとする風潮があるように思う。

日本は周りを海に囲まれた島国国家で、外国からの侵略が少なく過ごしてきた歴史観があり、韓国は半島だが大陸の強大な国と地続きで繋がり、海からも侵攻を受け続けてきた歴史を持つ歴史観があるように思える。

それが両国民の意識の違いだろう。それが日韓両国の芸能界のありようが違う要因の一つになっているように思えるのだ。

日本に比べ、韓国の芸能人の自殺が遥かに多い一因は、この辺りにありそうな気がするのだが、どうだろうか。

◇ストレスを発散できない韓国のタレントたち

もう一つ、韓国の芸能界の特徴としては、経済的なプレッシャーだけでなく、世論からの批判も彼らを苦境に追い込んでいることが挙げられる。

小さな誤りでもメディアで大げさに報道され、これを受けてネット上での激しい誹謗中傷が拡散し、苦境に追い込まれて自らの命を絶つ例も多いのだ。

加えて、それが家族のことにまでおよび、家族全体のプライバシーまでもネットで暴露されてしまうこともある。

こうなると、本人が芸能人であるために家族へ迷惑をかけ、家族に対して申し訳が立たないという儒教的な価値観に陥る場合も少なからずあり、本人を心理的に追い詰めてしまうようだ。

先に挙げた、「大紀元時報」の記事によると、江北サムスン病院精神科医のシン・ヨンチョル教授は、韓国芸能人の自殺について、発散しにくい世論からのプレッシャーが大きな原因となっているとしている。

韓国のタレントたちは、ストレスを発散する空間がなく、いたる所でインターネットに監視されていて、ネット上で広がるデマもタレントに大きな精神的ストレスを与えているという。このような社会で、タレントたちの自由な空間は非常に狭いと、彼らは実感しているはずだと言う。

教授の言う典型的な例として、2007年2月に俳優イ・ガンヒ宅で首吊り自殺した、同じ事務所の女優チョン・ダビンを挙げている。

同じ名で子役から多くのドラマに出演している女優もいるので混同しやすいが、彼女は愛嬌のある笑顔で「隣の女の子」といった親しみやすいイメージで広く愛されていた。

所属事務所と契約をめぐるトラブルや、仕事の減少などで悩んでいたとされるが、ネットに書き込まれた悪意ある誹謗中傷に苦しんでいたともされている。

自殺前日の彼女のウェブサイトの日記には「神が私を迎えに来た」とあり、弔問に訪れた多くの共演者たちも、他人事ではないという気持ちではなかっただろうか。

さらに話はこれだけで終わらない。チョン・ダビンはトップスターとして活躍する女優チェ・ジンシルの少女時代を描いた２０００年公開の映画『燃ゆる月』に、チェ・ジンシル役で出演したが、その国民的スターだったチェ・ジンシルも、２００８年10月に首吊り自殺したのである。彼女は前日にＣＭの撮影をし、次回作ドラマの打ち合わせをしておきながら、ネット上の悪質なデマに勝てず、浴室で自殺してしまった。

欧米社会では、芸能人のプライベートや過ちなどは、犯罪的なことでなければ寛容に受け止め、過ち自体もエンターテイメントの一部として受け入れる素地もある。しかし韓国ではそれが誹謗中傷のネタとなるのだ。

◆ク・ハラが陥ったリベンジポルノ

もう一つ、象徴的な事件なのが、ＫＡＲＡの元メンバー、ク・ハラの自殺未遂だろう。彼女は2019年5月26日、ソウル市内の自宅で意識不明の状態で倒れているのをマネージャーに発見された。警察に通報し病院に搬送されたが命に別条ないとのことだった。

ハラは前日の25日、自身のインスタグラムに「大変なのに大変じゃないふり、つらいのにつらくないふり、中身はボロボロ」などと書き込み、精神的に参っている様子であったことから自殺未遂だったと見られている。

事実彼女には昨年からさまざまなことが降りかかっていた。

2018年9月13日未明、江南区の住宅街で当時の交際相手へアデザイナーのチェ氏と別れ話のもつれから殴り合いの喧嘩になった。

その後チェ氏は、ク・ハラと一緒に撮った性的動画を彼女の携帯に送り込み「芸能人の人生を終わらせてやる」と脅迫したという。

それに対して彼女は、土下座してポルノ画像を公開しないように頼んだ。ク・ハラがエレベーターの前で懇願する動画もネット上に投稿され、この「リベンジポルノ事件」が広く知れ渡ることとなったのだ。

ク・ハラとチェ氏のトラブルは、当初は双方の暴行事件として警察に通報され、事実関係を中心に捜査が行われた。その過程でソウル・江南署は押収したチェ氏の携帯電話からク・ハラの写真の存在を確認した。

動画はク・ハラの同意なしに撮影されたもので、当局は彼女が十分に羞恥心を覚えられる物とし、これを証拠としてチェ氏を強要・脅迫、性犯罪の処罰等に関連する特別法違反で在宅起訴とし、ク・ハラを起訴猶予とした。

さらにク・ハラは、２０１９年春には、眼瞼《がんけん》下垂《かすい》の手術を受けていたことで、美容整形疑惑とされてネット上で中傷が相次いでいた。それに加えて元交際相手チェ氏の裁判があり、あれやこれやと騒がれた。

ク・ハラは、この事件を期に芸能活動を自粛せざるを得なくなり、ふさぎ込むことが多かったという。ク・ハラの自殺未遂もまた、ネット上を舞台にしたリベンジポルノや誹謗中傷などにより、精神的にうつ状態に陥っていたことが大きな原因の一つだろう。

◇ブラック・イメージからの脱却へ

もちろん日本でもタレントに対する誹謗中傷はある。韓国での中傷と比べることはできないが、大手タレント事務所には、リスクをできるだけ軽減するために、さまざまな手厚いタレント保護のシステムが整備されている。

タレントが有名になれば、CM、ドラマ、映画、音楽、キャラクター商品など、多くの分野とのコラボレーションが成立し、巨額の利益を得る。その反面で、何か事故があってそのタレントの価値が損なわれた場合、スポンサー企業などとの契約上から、損失は数十億円以上に達する場合があるため、定期的に専門的な心理カウンセラーがタレントたちの心理状態をチェックしている場合が多い。

しかし、韓国では、あらゆる苦痛と精神的な圧力は、すべてタレント本人が抱えなければならないのだ。

韓国で心理カウンセリングを受けることは、面子が潰れることであり、尊厳を失うことと捉えられており、特に選民意識が強い有名人にはその心理が強く作用しているようだ。

タレントに限らず一般の韓国人も、他人から肯定されることを望んでおり、自分が完璧な人間であることを求めている。自分が誰かから欠点を指摘されたら、自暴自棄になり、極端な道を選びやすくなるといわれている。

人気度に依存する芸能人には、このような傾向がさらに強く、華やかな光の中にいる韓国の有名芸能人たちは、面子は命より大切と考えているのかもしれない。

だが、最近の韓国の社会的思潮には、大きな変化が見られるようになった。海外での韓流ブームで、タレントが外国のエージェンシーと条件の良い契約を結ぶ例も増えてきたのだ。それに準じて、劣悪だとされた韓国内での契約も、改善されつつある。

タレントとの契約書は、外国の契約書を見習って、細々とした労働条件を書き入れるようになり、以前に比べて格段に分厚いものになっている。

女性の芸能人の間にも、ハリウッド女優のＭｅ Ｔｏｏ運動が飛び火し、韓国芸能界にはびこっていたセクハラ行為が続々と告発されるようになった。このことが切っ掛けでタレントの労働環境改善を促す自浄作用が起きている。

そればかりか、最近では福利厚生の一環として社員食堂を作り、社員やタレントに食事を提供する芸能プロダクションまであるようだ。

これら一連の流れから、かつて「奴隷契約」といわれた韓国芸能界のブラックイメージからは、脱却しつつあるといえるだろう。

あとがき

2004年、韓国ドラマ『冬のソナタ』が日本に上陸し、韓流ブームに火がついて以来、韓国アーティストが続々と日本デビューし、韓国で生まれ育ったK-POPやドラマ、タレントなどが日本に定着し高い人気になっていった。

日本で海外のアーティストが、こんなにも多岐にわたる分野でデビューするというのは、日本の芸能業界には強烈なインパクトだった。

韓国発のコンテンツは、日本で製作するより安上がりだがクオリティーが高く、同じアジア人という親近感もあって高視聴率が稼げ、いわゆるビジネスとして日本としては実においしいアイテムであった。

そのおかげで、韓国芸能界とかかわりを持つようになった私にとっても、人生の分岐点となった出来事でもあったのだ。

その当時は多忙を極め、韓国の芸能界がなぜ日本で受けるのかについては深く考える時間もなかったが、かかわりを深めていくほどにその理由らしきものを意識するようになった。

2000代初期には、芸能界だけではなく、産業界でも韓国が日本をリードし、気が付いたら韓国のナムソンがソニーの製品にとって代わるようになっていたように、韓国全体が実にパワフルな状態になっていた。

冷静に見てみると、韓国は人口約5000万人の小さな国であり、ビジネスの観点からしてもその市場規模は実に小さい。韓国が経済的に発展していくには、小さい国内市場を相手にしているだけでは成り立たず、海外市場を狙わなければならない。

韓国の製品は世界基準を満たすことを目標に、企画され開発せざるを得ないのだ。それは芸能業界も同じで、高い水準の芸能コンテンツの開発にしのぎを削るようになる。

グローバルな展開を志向する韓国企業は語学力を求めたため、韓国人の中に海外志向が強くなっていく。韓国パワーは狭い国内市場という環境と思考が、現在の韓国社会の基盤を形成し、日本人とは違った思考を持つようになった結果である。

韓流の世界でも同様なことが起こっている。国内市場を対象にせず、日本市場を目標にし、その先には欧米も含めた世界市場がある。アーティストや音楽性も海外を意識した世界水準のものが中心にならざるを得なかった。

芸能事務所もアーティストを世界水準に育て上げるために、厳しい選抜を行い効率の良い収益を目指した。ここで生まれた24時間体制の育成システムは、パフォーマンス力の強いものだけが生き残った。

タレント、芸能プロダクションがこの熾烈なサバイバル・ゲームに勝ち抜いてヒットを飛ばし、巨額の富を得ることになる。その結果、強いＫ－ＰＯＰや、強いアーティストが出来上がり、高品質なパフォーマンスや、アーティストたちの強靱な精神力が出来上がってくるのだ。

現在の韓国社会を作り出しているのは、激しい競争に打ち勝つ精神力に培われた生活環境だろう。

韓国は、サムソンやＬＤなどに代表される世界規模のＩＴ先進技術とは対照的に、私自身は情緒面では保守的な社会であることを体験している。

韓国の芸能人がＫ－ＰＯＰを中心として世界市場で快進撃を続ける舞台の裏では、半導体をつくり上げるようにシステマティックで厳しい競争にさらされている芸能プロダクションと、それに耐えていくタレントたちの儒教的精神に基づく上下関係が、時として激烈な葛藤を生んでいる。

日本でのビジネスになじんだ者には、どれも恐ろしく過激でユニークな世界に映る。２０１９年に起きた韓国国民の反日運動、それに呼応するかのような日本人の心の中にわだかまる嫌韓感情の中で、日本で行われるＫ－ＰＯＰアイドルのコンサートは、いずれも巨大な会場を日本人ファンで満杯にしている。

政治的事情には関係なく、勢いづく韓国芸能界。その光と影のコントラストは、ヒット曲や人気ドラマのようにダイナミックで劇的だ。

これからも、韓流アーティストたちは、新しい方向の作品を生み出していくだろう。どのようなものが出てくるか、楽しみだ。

金山 勲（かなやま・いさお）

1956年、在日韓国人二世として、大阪で生まれる。東京の大学在学中に、TV 番組制作会社でアルバイトし、その後日本の芸能プロダクションに勤務する。韓国取材で韓国芸能界との交流が生まれる。ある韓国人女性歌手の日本デビューの手助けを頼まれ、彼女の日本滞在中の面倒を見たことで独立し、韓国から芸能人を受け入れるための事務所をソウルと東京に開設。韓流ブームがあり、当時交流した芸能事務所の担当者たちが韓国内で様々なジャンルの芸能事務所の社長になっていることで、韓流タレントの招聘や韓流ドラマの輸入に携わる。

韓流《はんりゅう》アイドルの深《ふか》い闇《やみ》

2019年9月30日　初版第1刷発行

著者　金山《かなやま》 勲《いさお》
発行者　小川真輔
発行所　KKベストセラーズ
〒171-0021 東京都豊島区西池袋5-26-19
陸王西池袋ビル4階
電話 03-5926-5322（営業）
03-5926-6262（編集）
https://www.kk-bestsellers.com/
構成・図版　フレッシュアップスタジオ
イラスト　古塔つみ
装幀　フロッグキングスタジオ
印刷所　近代美術
製本所　積信堂
DTP　オノ・エーワン

ISBN　978-4-584-13943-1 C0036